Niños conectados

Colección «EDUCACIÓN»

11

MARTIN L. KUTSCHER

Niños conectados

*Cómo conseguir equilibrar el tiempo
que pasan ante las pantallas y por qué
esto es importante*

Título original:

Digital Kids.
How to Balance Screen Time and Why it Matters

Publicado originalmente en el Reino Unido, en 2017,
por Jessica Kingsley Publishers Ltd.,
73 Collier Street
London N1 9BE, UK
www.jkp.com

Traducción:
José Pérez Escobar

© Ediciones Mensajero, 2018
Grupo de Comunicación Loyola
Padre Lojendio, 2
48008 Bilbao – España
Tfno.: +34 944 470 358
info@gcloyola.com
gcloyola.com

Diseño de la cubierta:
Magui Casanova
© Shutterstock para la imagen de cubierta

Fotocomposición:
Marín Creación, S.C.

Impreso en España. *Printed in Spain*
ISBN: 978-84-271-4231-2
Depósito legal: BI-948-2018

Impresión y encuadernación:
Grafo, S.A. – Basauri (Vizcaya)
www.grafo.es

*Para nuestros maravillosos niños y para sus padres
que los quieren y que están aprendiendo junto con ellos
cómo conseguir el equilibro en el mundo digital.*

ADVERTENCIA

La información contenida en este libro tiene solo una finalidad educativa, y no pretende, por tanto, ofrecer consejo de tipo médico. Tanto lo que se dice como lo que se recomienda sobre este tema está sometido a cambios. Las referencias citadas no representan necesariamente los puntos de vista de los autores (o editores).

Índice

Introducción

¡Todos están en su rincón pegados a su pantalla! ¡Me siento como si estuviera poniendo orden en una jaula de grillos! Solo quiero que dejen todos sus dispositivos y hablemos durante la comida.

Mi hijo de cinco años me pide constantemente mi móvil. Mi hija adolescente nunca se desprende del suyo. Siempre lo tiene en su mano o a unos cuantos centímetros en la mesa. En el trabajo, los pasillos y los ascensores están llenos de personas que comprueban sus correos electrónicos o los mensajes recibidos.

Estoy preocupado por el uso que hacen mis hijos de la tecnología. ¿Por qué grita mi hijo cuando intento apartarlo del ordenador? ¿Es mi hija sincera cuando me habla de las actividades que hace en internet? ¿Cuánto tiempo ante la pantalla es demasiado tiempo? ¿Cómo fijo unos límites sin que estalle la III Guerra Mundial? ¿Qué efectos tienen estos medios y esta tecnología en el cerebro, en el aprendizaje y en el comportamiento de mis hijos?

Como neurólogo pediátrico especializado en el comportamiento, escucho constantemente la letanía de preocupaciones de los padres por la atracción interminable que la tecnología digital suscita a menudo en sus hijos –y en ellos mismos–. Como veremos, estas preocupaciones no carecen de fundamento, pero tampoco son insuperables. El antídoto contra el temor es el conocimiento, y este libro te proporcionará el conocimiento que necesitas para afrontar con éxito estos problemas. Necesitamos hechos que nos motiven a nosotros mismos y a nuestros hijos para equilibrar nuestro comportamiento. Explicaré la *razón* de la importancia de este equilibrio, explorando los efectos del uso extensivo de las pantallas en nuestro cerebro y en nuestra vida. Analizaremos también *cómo* equilibrar el tiempo de pantalla para coexistir satisfactoriamente con la gran cantidad de beneficios y de amenazas que llegan a nuestros «niños digitales».

La reciente explosión de la tecnología digital y sus servicios

La rápida explosión de la tecnología digital en los últimos 15 años ha generado oportunidades y desafíos sin precedentes para todos nosotros. Pensemos tan solo en los nuevos *dispositivos* tecnológicos desde el año 2000: iPods, iPhones, iPads, Android, teléfonos con cámara, módems de banda ancha, Wi-Fi, televisores de alta definición y Roku. Los nuevos *servicios* de tecnología desde 2000 incluyen Facebook, Twitter, Skype, Instagram, MySpace, LinkedIn, iTunes, Netflix, Hulu, YouTube, juegos en línea de alta tecnología, aplicaciones (Apps) y Firefox (Rosen 2012). Todo lo cual se añade además a nuestra «antigua» tecnología, como los videojuegos, los mensajes de texto, los correos electrónicos y la televisión. Colectivamente denominadas «tiempo de pantalla», estas actividades han sido muy numerosas como para adaptarse a ellas en tan solo unas décadas, especialmente para nuestros cerebros humanos, que evolucionaron en la sabana durante miles de años para hacerse con el control de un conjunto de estímulos muy diferente y que impactaba de forma mucho más lenta.

Nótese que, dado que internet es un tipo de tecnología digital y que la mayoría de la información digital exige una pantalla, uso en general los términos *tecnología digital*, *internet* y *tiempo de pantalla* de forma indistinta.

Internet: la parte buena

Son muchas las cosas buenas que pueden decirse de internet y la tecnología digital. Permite una proliferación prácticamente ilimitada de noticias, de pensamiento, de arte, de entretenimiento y de otras informaciones. Hace posible aprender nuevas habilidades. Es un medio útil para desarrollar la creatividad y para producir una amplia gama de opiniones. Posibilita una conexión sin precedentes entre personas que comparten intereses y metas. Permite una comunicación instantánea con compañeros del trabajo, amigos, seres queridos y desconocidos en todo el planeta. Hace posible que miles de mentes trabajen juntas para solucionar un problema. Además, es muy divertido, ¿y no nos lo vamos a permitir en nuestra vida? Podemos seguir así para siempre. Todo esto se nos ofrece en nuestra habitación 24 horas al día, los 7 días de la semana, y 365 días del año, si lo deseamos.

Evidentemente, a cada potencial aspecto positivo de la tecnología digital puede corresponderle una preocupación negativa. Puesto que las partes buenas de la tecnología digital son inmediatamente observables, me centraré en las partes más preocupantes que a menudo no se reconocen.

La cantidad de uso del tiempo de pantalla

Esta tecnología consume una enorme cantidad de tiempo de cada día (y de cada noche) de nuestros niños. Según un informe de la Academia Americana de Pediatría (2013):

- Los niños entre 8 y 10 años pasan casi 8 horas al día frente a la pantalla.
- Los niños de más edad y los adolescentes dedican más de 11 horas al día.
- El 71% de los niños tienen un televisor o un dispositivo conectado a internet en su cuarto.
- En la franja de edad 12-17 años, 3 de cada 4 jóvenes tienen móvil.
- 1 de cada 3 adolescentes manda más de 100 textos al día (sustituyendo, en gran medida, el uso del teléfono).
- Nuestros niños dedican más tiempo a los medios que al colegio; después del tiempo dedicado al sueño, es la actividad principal.
- 2 de cada 3 niños y adolescentes dicen que sus padres no les imponen normas sobre los medios.

(AAP 2013)

Veamos unos cuantos datos estadísticos más:

- Los adolescentes recibieron y mandaron 3705 textos al mes –unos 5 cada hora (ROSEN 2012). El 62% de los estudiantes de la generación i (adolescentes) revisan los contenidos de sus dispositivos digitales cada 15 minutos o menos (ROSEN 2012).
- Facebook contaba con 1.190 millones de usuarios en 2013, el 50% de los cuales se conecta diariamente (GRIFFITHS, KUSS y DEMETROVICS 2014).

- No solo los niños y los jóvenes están enganchados a sus pantallas: 1 de cada 3 adultos confiesa que miran el móvil por la mañana antes de levantarse de la cama (ROSEN 2012).

¿Qué hacen realmente en sus ordenadores los niños y los jóvenes entre 8 y 18 años durante el tiempo de ocio (excluyendo los deberes, la televisión o la música)?

- 25% está en redes sociales
- 19% está jugando
- 6% se dedica a ver videos
- 12% en otras páginas web
- 13% se dedica a mandar mensajes
- 6% revisa el correo electrónico
- 5% mira imágenes o fotografías
- 5% hace otras actividades

(RIDEOUT 2010)

Presentaremos numerosos datos estadísticos en los que pensar conforme avancemos a lo largo del libro.

¿No se ha declarado anteriormente el «fin de la civilización» con motivo de otros avances técnicos?

¿No estamos exagerando? Con la invención de la escritura hace varios miles de años, destacados filósofos predijeron el final de la necesidad de dominar cualquier cosa en profundidad, pues nadie tendría que recordar nada una vez que se pusiera por escrito. Hace quinientos años se pensó que con la imprenta de Gutenberg se produciría una avalancha de «basura» mediante la producción masiva descontrolada, es decir, sin que la información escrita tuviera que pasar por el cuello de botella de los escribas. ¡Los libros estarían por todas partes! ¡Que el cielo nos ayude! ¿No nos suena todo esto familiar cuando abordamos el tema de internet? En efecto, a lo largo de la historia cada innovación en la comunicación ha hecho emerger el terrible espectro de una sobrecarga de información. No obstante, la actual explosión de la información disponible se diferencia de varias formas de las revoluciones anteriores.

En primer lugar, hoy contamos realmente con demasiada información para que cualquiera la recuerde. Necesitamos filtrar toda la basura y descargar parte de este material de nuestros cerebros en un lugar donde puedan verificarse fácilmente los hechos. Un medio tradicional para hacerlo ha sido almacenar información en los cerebros de otras personas –por ejemplo, médicos, abogados, contables, maestros, fontaneros y electricistas–, pero incluso estos especialistas necesitan descargar su cambiante fuente de conocimiento. Otro método consiste en transferir la información a internet y buscarla mediante Google. Es posible que no retener información técnica libere el cerebro, permitiéndole aprender nueva información, al tiempo que mantiene el acceso al conocimiento previo cuando sea necesario.

En segundo lugar, este método actual de comunicar información también nos permite interactuar unos con otros en tiempo real. Estamos creando nuevos tipos de interacciones humanas tanto en el trabajo como en el colegio y en la casa, mediante correos electrónicos y mensajes, en lugar del encuentro cara a cara o de la conversación por teléfono. Se trata de un experimento de las relaciones humanas que se está llevando a cabo en la vida real.

En tercer lugar, la comunicación digital nos permite actualmente difundir información visual y sonora. Así, internet afecta no solo a la escritura, sino también a nuestro entretenimiento en el «tiempo libre». Es decir, el avance de internet nos influye no solo en qué leemos (y en el modo en que lo hacemos), sino en el modo de relacionarnos y de entretenernos. En suma, nos influye en todo.

El dilema de los padres y su función de establecer límites

Los padres observan cómo sus niños digitales pasan horas en sus dispositivos, y tienen sentimientos encontrados. Por una parte, se sienten *orgullosos* de la destreza que muestran al respecto y *felices* de estar preparándolos para el futuro, y, por otra, *tienen miedo* a los posibles efectos aún desconocidos que tendrá toda esta tecnología en el cerebro, las habilidades sociales y el futuro de sus hijos. ¿Cuál es el equilibrio apropiado?

La tecnología por sí misma no es buena ni mala. Más bien, como mostraremos, son su uso y sus límites (que deberemos enseñar a nuestros niños) los que determinan su efecto positivo o negativo en la sociedad. No podemos culpar a nuestros niños si nosotros, los padres y los maestros, no logramos enseñarles cómo equilibrar el uso del tiempo de pantalla. Pero también es verdad que somos la primera generación que tiene que enseñar esta materia, y no poseemos modelos de las generaciones pasadas que nos guíen en esta tarea.

La gama de problemas relacionados con el tiempo pasado ante la pantalla

Los problemas del tiempo de pantalla pasan por toda una gama según su mayor o menor gravedad. Entre los más leves encontramos los típicos entre niños/adolescentes que están bien adaptados, pero que mandan mensajes de textos muchas veces en una hora o no verifican la fiabilidad de las fuentes de internet antes de citarlas. Luego, hallamos a los muchachos cuyas actividades en la pantalla provocan un leve conflicto familiar y un trabajo poco eficiente, pero aún son capaces de llevar una vida equilibrada con buenas notas, un buen grupo de amigos y la participación en otras actividades, como los deportes. En el extremo más grave se encuentran aquellos que sufren lo que podemos llamar una verdadera adicción a internet: una incapacidad para controlar su comportamiento en dispositivos digitales y en internet, pese a los importantes problemas resultantes (p.e., malas notas, abandono de amigos y de actividades, o notables conflictos familiares). El grado de resistencia que encuentras cuando intentas apartar a tu hijo del dispositivo proporciona una buena clave sobre su grado de dependencia. Los que tienen un alto grado de dependencia pueden reaccionar dando gritos, como un síntoma de abstinencia, cuando los padres intentan limitar temporalmente el acceso a la pantalla. En el capítulo 6 trataremos el caso más extremo de los problemas relacionados con el tiempo de pantalla (es decir, la adicción a internet).

La idea de una gama de problemas no es exclusiva de aquellos que están relacionados con el tiempo de pantalla; en realidad se aplica a una gran cantidad de trastornos neuroconductuales. Unos amplios estudios sobre los niños han descubierto toda una gama de dificultades en las áreas del autismo, del trastorno de déficit de atención e hiperactividad (TDAH), de la ansiedad, la depresión y la psicosis (White 2015). De hecho, la Asociación Americana de Psiquiatría (APA 2013) ha abandonado los intentos anteriores por elaborar unos síndromes específicos entre los niños con características autistas y ha renombrado toda la gama como «*Autism Spectrum Disorder*» (ASD) [TEA, Trastorno del

Espectro Autista, en español]. En efecto, es posible tener un «un poco» de trastornos tales como la depresión, la dislexia o el tiempo de pantalla problemático.

Al igual que los niños con «un poco» de ansiedad, puede que los niños con «un poco» de problemas relacionados con las pantallas no sean atendidos clínicamente. Es una pena, porque son muchas las razones que llevan a pensar que la prevención y el tratamiento precoces pueden mejorar el resultado de los niños con problemas subclínicos.

Organización de este libro

Hay un montón de material que trataré de presentar de forma exhaustiva. Para ser útil, sin embargo, necesita ser leído, y el hecho de presentarlo de forma abreviada ayuda a las familias ajetreadas a alcanzar ese objetivo. Para cada problema planteado, presentaré datos estadísticos (para que pueda juzgarse el alcance del problema) y una muestra de la investigación realizada sobre el tema, seguida de un resumen. También intentaré evitar el número abrumador de sugerencias de prevención y tratamiento, centrándome más bien en intervenciones seleccionadas de alto beneficio.

Una ojeada al índice revela la siguiente estructura del libro: los capítulos 1–3 se centran, principalmente, en la importancia de lograr un equilibrio entre los mundos digital y real, y los capítulos 4–5 se dedican a mostrar cómo lograrlo.

Capítulo1: los problemas planteados por el uso real de la tecnología digital como cauce por el que fluye la información, que se distingue de la información específica vehiculada por ese cauce. Me centraré en una gama de problemas, como la lectura superficial, las interrupciones constantes que interfieren en nuestro trabajo y la falta de un tiempo de inactividad para pensar creativamente. Trataré los efectos del tiempo de pantalla desde una perspectiva psicológica y de aprendizaje, desde una perspectiva neurológica e incluso desde una perspectiva de salud física.

Capítulo 2: los problemas suscitados por el contenido *de la tecnología digital.* Incluiré las redes sociales, el ciberacoso, el *sexting* [el envío de mensajes eróticos o sexuales], la pornografía, la violencia, las letras de las canciones, etc.

Capítulo 3: los problemas asociados con grupos específicos de población. Analizaré los casos relacionados con la infancia, los relativos al TDAH y los correspondientes al espectro del autismo.

Capítulo 4: la función de los padres. Aunque abordo las recomendaciones para el tratamiento en todos los capítulos, en este capítulo me centraré totalmente en la función de los padres como modelos, guías y fijadores de límites.

Capítulo 5: la reunión y el acuerdo familiar gira en torno a la conversación que conduce a un acuerdo firmado sobre el equilibrio apropiado del uso y de los límites de los medios digitales.

Capítulo 6: el problema de la adicción a internet. Analizaremos las causas, la prevención y los tratamientos de este problema que es cada vez más común.

Capítulo 7: sumario. En este capítulo hago un resumen de todo lo anterior. Puede servir como una revisión y como un texto independiente suficientemente exhaustivo para personas que solo quieran leer los aspectos más destacados del libro.

Como padres, maestros y niños, intentamos aprender unos de otros. Así pues, recuerda que no es culpa de nadie, sino un problema de todos. ¡Buena suerte!

Capítulo 1

Los problemas relacionados con el *uso* de la tecnología digital

En este capítulo nos centraremos en los problemas asociados con el uso de la tecnología digital como un *cauce* (en contraposición con los problemas causados por el *contenido* que fluye a través de ese cauce). Comenzaremos con los efectos psicológicos y de aprendizaje, abordaremos después los efectos neurológicos y terminaremos con los efectos que produce en la salud física.

1. Efectos sobre la psicología y el aprendizaje de la tecnología digital

El término «nativos digitales» se ha aplicado a las personas que han crecido con la tecnología digital, en contraste con los «inmigrantes digitales» que adoptaron la tecnología más tarde en su vida. Sintetizando, los nativos digitales:

> gravitan hacia un modo «superficial» del procesamiento de la información caracterizado por un rápido cambio de atención y reducción de la reflexión. En relación con las generaciones anteriores, se involucran

en el aumento de comportamientos multitarea que están vinculados a una mayor distracción y a una pobre capacidad de control ejecutivo (LOH 2015, 2).

Echemos un vistazo a algunos estudios que conducen a estas conclusiones. Según una encuesta realizada a maestros sobre el problema de la tecnología en las escuelas:

- Casi el 90% de los maestros opinaba que la tecnología ha creado una generación distraída con poca capacidad de concentración. El 60% consideraba que dificultaba la escritura y la comunicación directa, es decir, la comunicación con oraciones completas y más largas ha perdido terreno a favor de fragmentos cortos por escrito o a través de los medios.
- Casi el 50% percibía que perjudicaba al pensamiento crítico y a la capacidad para hacer los deberes en casa.
- El 76% pensaba que los estudiantes estaban condicionados para encontrar respuestas rápidas.

(PORTER 2013)

En suma, la tecnología está cambiando el modo en el que aprenden nuestros estudiantes, y no siempre para mejor.

¿Interfiere la tecnología con el trabajo en el aula?

Sí. Según una encuesta realizada entre estudiantes (ROSEN 2012), el 62% de la generación i (adolescentes) mira los mensajes de textos y el 32% comprueba Facebook cada 15 minutos o menos, aunque esta encuesta no especificaba si esa frecuencia cambiaba durante el tiempo de clase. En contraste, solo un 18% de la generación del *baby boom* mira los mensajes de texto y el 8% comprueba Facebook cada 15 minutos o menos.

En otra encuesta (Baron 2015) se preguntó a los universitarios con qué frecuencia usaban sus móviles durante la clase para cuestiones no relacionadas con ella. El promedio respondió que 11 veces al día, mientras que el 15% lo usaba más de 30 veces durante la clase. Con una estimación de 3 horas de clase al día, los últimos llegan a utilizarlo más de 10 veces por hora de clase.

Toda esta actividad tiene un coste para el aprendizaje. En un estudio, los estudiantes que mandaron mensajes de texto durante una clase obtuvieron en los exámenes un resultado un 19% inferior al de aquellos que no los mandaron (Thompson 2014).

Cuando se les preguntó a los estudiantes sobre el envío de mensajes de texto durante el tiempo de clase, los porcentajes coincidían o estaban altamente de acuerdo:

- El 77% pensaba que *recibir* mensajes perjudicaba a su capacidad para aprender durante una exposición. El 72% consideraba que *enviar* mensajes de texto perjudicaba a su capacidad para aprender durante una exposición.
- El 37% se distraía cuando *alguien recibía* un mensaje durante la clase.
- El 31% se distraía cuando *alguien enviaba* un mensaje durante la clase.
- Aun así, el 49% consideraba que no pasaba nada por mandar o recibir mensajes de texto durante la clase.

(Rosen 2012)

Así pues, los estudiantes admiten que mandar/recibir mensajes de texto no solo interfiere en su propio aprendizaje, sino que también interfiere en la atención de los demás estudiantes; sin embargo, casi la mitad consideraba que no había nada de malo en hacerlo.

Como era de esperar, permitir el acceso a la web (es decir, no solo el acceso a mensajes de texto) a los estudiantes durante una clase tampoco resultó positivo. A un grupo de estudiantes se le permitió navegar en la web durante la clase, mientras que un segundo grupo mantuvo cerrado su portátil. Los estudiantes del primer grupo miraron realmente sitios relacionados con el contenido de la clase, pero algunos también se dedicaron a hacer compras, a mirar videos y a ponerse al día con los correos electrónicos. Incluso aquellos estudiantes que solo navegaron por temas pertinentes a la lección recordaban menos del contenido de esta que aquellos que mantuvieron cerrados sus portátiles (CARR 2011).

Numerosos estudios revelan que la mayoría de los estudiantes dicen que usan los dispositivos electrónicos durante la clase para mandar o recibir mensajes de texto, navegar o consumir contenidos multimedia. Los resultados de estos estudios coinciden con los de mi propia investigación informal de pacientes que, al ser preguntados, afirman, casi todos, que en sus clases los estudiantes usan los portátiles o los iPads para actividades que nada tienen que ver con la enseñanza. Incluso aquellos que tienen un acceso controlado o limitado a internet usan sus portátiles para jugar sin conexión. Cuando se acerca un adulto, ellos simplemente presionan un botón que cambia la pantalla para que aparezca una actividad permitida. La versión en CD (¿nos acordamos aún de ellos?) de la revista *MAD* contiene incluso un «botón de alarma» que, si es presionado cuando un adulto quiere comprobar qué están haciendo, hace aparecer un documento en Word que dice algo más o menos así: «No puedo creerme que mis padres se traguen esto otra vez».

Los sistemas escolares que están cambiando a experiencias totalmente digitales deben preguntarse si las ventajas superan a las distracciones.

¿Interfiere tomar notas con un portátil (en lugar de con un bolígrafo y un cuaderno) en el aprendizaje?

Sí, probablemente. Hay numerosas razones evidentes a favor de la superioridad del bolígrafo y del papel. Son incuestionables los beneficios de que los estudiantes escriban de su puño y letra y de que sinteticen el contenido de la lección con sus propias palabras –la escritura a mano es relativamente lenta y por tanto elimina la posibilidad de tomar notas al pie de la letra–. Además, los teclados están conectados a los ordenadores y a sus múltiples distracciones, y es más difícil navegar por la página para agregar información adicional mientras simultáneamente se intenta escuchar al profesor. En primer lugar, veamos dos cuestiones con más detalle.

Se hizo un estudio sobre el beneficio de escribir a mano en el área de deletrear palabras. Se dijo a los estudiantes que aprendieran a deletrear 30 palabras usando uno de estos tres métodos prácticos: (1) un bolígrafo con el que escribir, (2) fichas con letras, o (3) el teclado. Los estudiantes que escribieron a mano lo hicieron mejor en el test posterior (Duran y Frederick 2016). En otros estudios, los que reprodujeron las letras de alfabetos nuevos a mano mostraron una mejor capacidad para orientar los caracteres correctamente que los que usaron el teclado. Los autores concluyeron que los movimientos de la mano durante la escritura ayudaron a consolidar el reconocimiento y la orientación del carácter –habilidades también necesitadas en la lectura (Duran y Frederick 2016).

Regresemos ahora al tema de cuál es el medio más eficaz para que tomen notas los estudiantes, si a mano o mediante el teclado. Un estudio de MUELLER y OPPENHEIMER (2014) realizado con 65 universitarios de Princeton y de la UCLA, mostró que aquellos que usaron portátiles (desconectados de internet) tomaron más notas que los que utilizaron un bolígrafo. Sin embargo, aunque los dos grupos lograron un mismo resultado en una prueba sobre los *datos* presentados durante la presentación, los estudiantes que usaron el portátil obtuvieron notas inferiores en las pruebas que contenían cuestiones *conceptuales*, que exigían una síntesis de lo explicado en clase. Los autores hipotetizaron que la mayor velocidad favorecida por el portátil condujo a una transcripción al pie de la letra relativamente pasiva y mecánica. En cambio, para mantener el ritmo, los estudiantes que tomaron notas a mano tuvieron que reducir la lección hasta lo esencial, participando activamente en ella durante la clase. En el seguimiento del estudio, la ventaja de la escritura a mano persistió aun cuando se aconsejó a los estudiantes que redujeran la velocidad mientras tomaban notas.

Aunque las investigaciones difieren en algunos resultados, los estudios actuales sugieren cautela a la hora de usar teclados para tomar notas. Las nuevas tecnologías y las estrategias de los estudiantes futuros pueden hacer que cambien las recomendaciones.

¿Interfiere la lectura en pantalla con un aprendizaje en profundidad?

Sí. Examinemos cuatro razones al respecto:

1. Las pantallas carecen de una experiencia táctil.
2. El hipertexto causa distracción y hace difícil navegar.
3. La lectura superficial se convierte en la norma.

4. Las distracciones digitales se encuentran justo en la máquina.

Leer en pantalla carece de una experiencia táctil

Leer es una experiencia multisensorial. Según la investigación, al leer el cerebro no solo usa la vista, sino también el tacto. Poseer físicamente una página escrita tiene algo especial que la hace más asimilable: «El cambio del papel a la pantalla no solo altera el modo en el que recorremos un texto escrito, sino que también influye en el grado de atención que le dedicamos y en la profundidad de nuestra inmersión en él» (CARR 2011, 90).

Leer en pantalla hace más difícil navegar y orientarse a uno mismo, especialmente con el hipertexto

El hipertexto (enlaces web) es uno de los instrumentos más importantes de la red. En efecto, el hipertexto es la razón por la que la web o red es llamada «*la* red». El usuario salta de un lugar a otro con el clic del ratón y, después, a otro, y a otro, formando así una red de saltos. A menudo puede no resultar del todo claro por qué estás en una página y cómo has llegado a ella. Lo cual no presenta ningún problema si solo pretendes perfilar continuamente tu búsqueda para obtener una información específica.

Sin embargo, el hipertexto parece ser una rémora cuando intentas leer un texto coherente más largo: «La investigación sigue mostrando que las personas que leen un texto lineal comprenden más, recuerdan más y aprenden más que las que leen un texto salpicado de vínculos» (CARR 2011, 127). Por poner un solo ejemplo de las numerosas investigaciones realizadas, a un grupo de 35 adultos se les dio a leer un relato breve en el habitual formato lineal, y a otro grupo de

35 adultos se les dio a leer el mismo relato en una versión con hipertextos tal como se encontraría en una página web. Aun cuando los lectores del hipertexto tardaron más, 3 de cada 4 dijeron tener problemas para seguir el texto, en comparación con la proporción 1/10 de los lectores que siguieron el texto lineal.

¿Cómo puede el hipertexto disminuir la comprensión? Parecen existir dos razones. La primera es la distracción visual producida por el texto en azul. No obstante, la más importante es que en cada hipertexto el cerebro del lector tiene que detener lo que estaba haciendo (comprender la línea de razonamiento del autor) y, en su lugar, dedicar el proceso mental a la pregunta «¿Debería o no saltarme este hipertexto?». No parece que sea un gran problema, pero es suficiente para frenar en seco la lógica del relato. Después de todo, se trata de una decisión importante: ¿quién sabe qué contenido hay detrás de ese vínculo? Es como un concurso: ¿quién sabe qué premio se oculta detrás de la puerta número uno? Cuando el cerebro haya averiguado qué decisión tomar con respecto al hipervínculo, puede que se haya olvidado de lo que estaba pensando con anterioridad. Al fin y al cabo, el cerebro es limitado con respecto al número de cosas que puede mantener en la mente o en funcionamiento simultáneamente (una capacidad denominada «memoria de trabajo», el bloc de notas del cerebro). El número de neuronas es limitado.

Además del hipertexto, hay otra característica de la lectura en pantalla que dificulta saber dónde estás mientras lees. Dada la capacidad de la pantalla para desplazarse, para alterar el tamaño del texto, para cambiar el número de columnas en que se presenta, etc. (es decir, de cambiar continuamente lo que ve el lector), resulta difícil formarse una visualización fiable del material. No puedes decirte «eso estaba en la parte inferior del lado izquierdo de la página al final del libro», porque la próxima vez que accedas al material puede que no esté en el mismo lugar visualmente. Los artículos largos no se dividen en páginas, lo que confunde aún más la sensación del lector con respecto al lugar que ocupa en el texto. Todo esto es importante, porque «una buena representación mental espacial del diseño físico del texto lleva a una mejor comprensión lectora» (GREENFIELD 2015, 215). La pantalla reducida de un móvil solo complica el problema. A muchas personas les resulta más fácil hojear las páginas de un libro o de un documento impreso que reubicar el lugar en una pantalla.

No obstante, estos efectos negativos de la lectura del hipertexto son evitables. Puede ser útil usar una estructura de apoyo para la navegación. Ciertas características del lector, como la capacidad de ver «la perspectiva global», el conocimiento previo del tema y el aumento del interés en este, ayudan a mitigar la confusión (LOH 2015).

La tecnología digital puede llevar a una comprensión más superficial

Además de resultar problemático porque confunde al lector sobre el lugar en el que está realmente leyendo, los saltos del hipertexto son también una causa importante de lectura superficial. En los libros impresos tradicionales, el autor ha dedicado (supuestamente) un tiempo considerable a elaborar un relato lógico o una línea de razonamiento. Cuando el lector se adentra en el libro puede pararse y pensar en lo que lee. Cuando ha terminado de pensar en lo que acaba de leer, el libro sigue aún allí –dispuesto para conducir de nuevo al lector por un sendero lógico extenso y plenamente planificado–. El hipertexto significa la muerte de la línea de razonamiento impulsada por el autor. *Clica aquí para más información*. Te lleva por todas partes, de lugar en lugar, de autor en autor, de tema en tema, y raramente regresas al punto de partida de ese texto completo y bien pensado con el que comenzaste. En cambio, el lector que visualiza se encuentra mirando de pasada muchos sitios (es decir, leyendo superficialmente) mientras salta buscando el próximo fragmento rápido y gratificante. De hecho, la página web mantiene al lector un promedio de 18 segundos. Siendo esencial, la capacidad de leer por encima una información relevante no debería ser la única habilidad de lectura que les enseñamos a los niños. (Por cierto, ¿te has sentido distraído por el hipervínculo simulado anteriormente, y por considerar si hacías clic en él? Por supuesto que no puedes. Este es un libro impreso. Sin embargo, si hubieras olvidado lo que estábamos discutiendo, este pequeño experimento mostraría lo fácil que es desorientarse con las digresiones que nos distraen, como ir saltando a lo largo del hipertexto).

Los motores de búsqueda forman también parte del problema. No me entiendas mal, me encanta Google. No podría funcionar más sin él… o sin PubMed para mis investigaciones en medicina… o sin las características de búsqueda de Amazon. El problema reside en que nos llevan directamente al lugar buscado, que para muchos de nosotros es todo cuanto leemos. De nuevo, este proceso evita la lógica que pueda haber alrededor, pretendida por el autor, y también puede hacernos perder el contexto de aquello a lo que llegamos mediante una búsqueda directa. Un estudio sobre las citas usadas por los estudiantes universitarios en sus trabajos de investigación mostró que un 46% se refería a la primera página de la fuente citada, mientras que un 77% se refería a las primeras tres páginas, es decir, ¡que los estudiantes universitarios no pasan casi nunca de las tres primeras páginas (Baron 2015)! Esta es otra causa potencial de una lectura superficial.

Después de realizar una investigación sobre los hábitos de investigación de 400 estudiantes canadienses, los autores concluyeron que estos consideraban adecuados los materiales en línea para seleccionar algunos de sus elementos, pero preferían los libros impresos a la hora de acometer un trabajo de envergadura. Lo impreso daba un sentido del conjunto del tema (BARON 2015).

Existe la preocupación de que la dependencia de la lectura superficial pueda interferir en el desarrollo de las capacidades de la lectura profunda tales como el pensamiento reflexivo, el análisis crítico y el pensamiento inferencial. Se teme que las conexiones neurológicas necesarias para la lectura profunda, como lo son las áreas del cerebro implicadas en los procesos visuales y fonológicos, no puedan generarse en las personas que aprenden principalmente mediante una lectura superficial (LOH 2015).

Leer en un dispositivo digital distrae

Leer en un dispositivo conectado a internet o en uno con videojuegos previamente cargados provoca una considerable distracción. El 90% de los estudiantes consideró que era más probable que realizaran varias tareas al mismo tiempo cuando leían digitalmente, mientras que solo el 1% consideró que una copia impresa les facilitaría realizar varias cosas a la vez. El 9% consideró que el medio (electrónico o de papel) no importaba cuando se trataba de tareas múltiples.

Y no olvidemos todos esos anuncios que compiten por nuestra atención y nos alejan del propósito del autor. Hasta ahora, nadie ha descubierto cómo colocar un anuncio emergente en un libro impreso, pero los anuncios en internet se vuelven cada vez más invasivos. Parecen emerger en el sitio web incluso si tienes bloqueadas las ventanas emergentes. Muchos de los anuncios usan movimiento, lo que inmediatamente llama tu atención, porque los cerebros de los animales tienen potentes detectores de movimiento. (Un movimiento cercano significa que estás a punto de conseguir tu almuerzo o de convertirte en el almuerzo de otra criatura. Como tal, el movimiento atrapa nuestra atención con fuerza. Esto explica también en parte por qué los videojuegos y los videos captan también nuestra atención).

Por supuesto, siempre podemos pedir a nuestros alumnos que desconecten internet mientras intentan trabajar. Sí, claro, como si fuera a ocurrir.

Los lectores prefieren claramente leer un texto impreso (aun cuando no sea el mejor instrumento de aprendizaje)

Aunque hay muchas pruebas de que la lectura digital, especialmente en línea, interfiere en el aprendizaje, las pruebas no son totalmente concluyentes. Sí es muy concluyente, en cambio, que los lectores *prefieren*, de tener la oportunidad para ello, leer un texto impreso antes que su versión digitalizada en una proporción del 89% y del 11% respectivamente. Los números son bastante constantes, ya se encueste a estudiantes de Estados Unidos, de Japón o de Alemania.

Parece que la extensión del material es un factor de esta preferencia. A los estudiantes no les importa el soporte usado cuando trabajan con textos breves como los artículos de periódico. Sin embargo, el 92% de los estudiantes estadounidenses prefieren el soporte impreso cuando tienen que hacer trabajos escolares o académicos y cuando leen por disfrute. Los estudiantes prefieren la experiencia de sentir las páginas, de saber en qué lugar del texto se encuentran, de tener la posibilidad de avanzar y retroceder, e incluso de oler el libro. Les gusta la idea de personalizar su posesión con notas escritas a mano. Reconocen que se cansa menos la vista

(Baron 2015) y que no se distraen con todas las cosas que les proporciona su dispositivo digital con solo tocar una tecla.

El neurocientífico Baron concluye: «Dados estos descubrimientos, solo puedo preguntarme por qué el sistema educativo presiona a los estudiantes a favor de la lectura digital» (Baron 2015, 181).

¿Cómo funciona nuestro sistema de atención?

Antes de continuar, necesitamos establecer algunos conocimientos básicos sobre cómo funciona nuestro sistema de atención. Verás el sentido de todo esto en tan solo unos minutos.

Hay explicaciones que se solapan sobre cómo controlamos nuestra atención, o, quizá, cómo ella nos controla (Levitin 2014; Palladino 2015). Veamos si podemos unirlas y usar ese conocimiento básico para averiguar cómo afecta la tecnología digital a nuestra capacidad para generar tiempo de inactividad, afrontar múltiples tareas y entrenar nuestro control volitivo con respecto al lugar en el que centramos nuestra atención consciente.

Básicamente, existen tres tipos de redes de atención que compiten constantemente entre sí para expresarse:

- *Red de concentración en la tarea.* Requiere una atención deliberada a un trabajo determinado. Es la función que nos permite ejecutar realmente un plan de forma lineal. Por ejemplo, escribir un trabajo exige una concentración sostenida y deliberada que avanza desde el análisis del tema, la organización de los pensamientos, la redacción y su entrega. La red de concentración en la tarea es la red que dice «¡Hazlo!».

  A esta red también se le llama «atención voluntaria». Se origina con un esfuerzo autodirigido, voluntario. En cuanto tal, resulta difícil de mantener. Puede considerarse también la atención «de arriba hacia abajo», en referencia a la localización anatómica de los centros de atención voluntaria que se encuentran evolutivamente en la parte «superior» del cerebro, intentando ejercer su control sobre las partes inferiores del cerebro que están al servicio de nuestros instintos animales básicos.

- *Red sensorial o de alerta.* Independientemente de lo que estemos haciendo, nuestra red sensorial está constantemente examinando nuestro entorno en busca de cualquier cosa que afecte a nuestra seguridad o que constituya una oportunidad. Al igual que un boletín informativo, atraviesa cualquier estado mental. Ya hemos comentado cómo nuestros detectores de movimiento están constantemente funcionando, pero también exploramos continuamente nuestro entorno con otros sentidos. Estos detectores sensoriales también nos impulsan hacia los contenidos multimedia y los videojuegos llenos de colorido y de movimiento. Una vez detectado el estímulo, la red de concentración en la tarea se dedica a afrontar la situación. Por ejemplo, incluso estando dormidos, los detectores del sonido de los padres les alertan del sonido de un bebé que llora. Una vez que la red sensorial o de alerta ha alertado al padre o a la madre, la red de concentración en la tarea decide que el problema es el hambre y lo mantiene centrado en dar de comer al niño.

La red sensorial/de alerta es un tipo de «atención involuntaria». Es importante destacar que no requiere ninguna intención deliberada de la persona. Como cuestión de seguridad, está siempre encendida y se activa automáticamente. Es pasiva y se origina con los estímulos, no con un esfuerzo intencionado.

- *Red de ensoñación*. Entra en funcionamiento cuando las otras redes no afrontan activamente una situación. Es el tiempo en el que el cerebro pondera, piensa de una manera creativa no lineal, consolida lo aprendido y se recupera. Se activa durante el tiempo de inactividad, durante el sueño e incluso durante la lectura, cuando nos detenemos para pensar sobre el significado de lo que acabamos de leer. La red de ensoñación tiene su espacio cuando no hay nada más que hacer. *No solo* está bien *aburrirse*; *cierto aburrimiento es esencial para que funcione bien el cerebro*. La red de ensoñación es otro tipo de atención involuntaria, ya que el cerebro puede flotar libremente por donde quiera.

Puede que te hayas estado preguntando «¿Cómo cambia el cerebro entre las redes?». En realidad, probablemente no te lo estabas preguntando, pero, de todos modos, es importante abordar la cuestión. Se piensa que la parte del cerebro involucrada en el cambio es la llamada ínsula (Levitin 2014). El acto del cambio necesita energía, y puede resultar fatigante y estresante. «Muchos estudios han mostrado que el cambio entre solo dos tareas puede añadir más peso a nuestra carga cognitiva, impidiéndonos pensar y aumentando la probabilidad de que pasemos por alto o malinterpretemos una información importante» (Carr 2011, 133).

¿Por qué es importante todo esto? En primer lugar, es una parte de la respuesta a la pregunta: «¿Por qué puede prestar atención mi hijo a los videojuegos y no a los deberes?». La respuesta es la siguiente: la parte estratégica de concentración en la tarea en los videojuegos está constantemente reforzada por la red sensorial / de alerta, que es involuntaria, continua y no requiere esfuerzo. Escribir un trabajo con un papel y bolígrafo no posee este atractivo sensorial sin esfuerzo, sino que depende principalmente de un esfuerzo voluntario y agotador. Cuanto más se queje tu hijo de una tarea o la evite, más probable es que la red voluntaria se encuentre más fuertemente reclamada. Tengamos en cuenta que la atención voluntaria y la involuntaria trabajan a menudo conjuntamente en diversos grados.

La comprensión de los sistemas de atención también es importante porque establece el marco para comprender otros dos problemas del tiempo de pantalla: la tentación de realizar múltiples tareas y la falta de tiempo de inactividad.

«¡Pero mamá, si puedo prestar atención a más de una cosa a la vez!». El mito de la «multitarea»

¿Cómo afronta nuestro sistema de atención la realización de múltiples tareas a la vez?

En realidad, no lo afronta. No existe una realidad denominada «múltiples tareas». Más bien, según el pensamiento actual, las personas «multi-cambian» tan frecuentemente de una actividad a otra que tienen la sensación de estar haciendo dos cosas simultáneamente, pero en realidad solo prestan atención a una cosa en un momento dado. ¡No puedes escribir un mensaje de texto y leer tu libro de texto al mismo tiempo!

Por tanto, reformulemos la pregunta: ¿Cómo afronta nuestro sistema de atención el «multi-*cambio*?

No demasiado bien. En uno de los numerosos estudios, los participantes tenían en el mismo espacio un ordenador y un televisor. No se les dijo que realizaran «tareas múltiples», pero se les observó cambiar entre los dos con un promedio de cuatro veces por minuto –un total de 120 veces durante una observación de media hora (Loh 2015)–. Puede que pensaran que estaban haciendo «múltiples tareas», pero en realidad estaban «cambiando muchas veces de tarea». En otro estudio se pidió a los estudiantes que estudiaran durante 15 minutos en un entorno familiar. Se observó que los participantes estudiaban solo 10 minutos, y que el tiempo dedicado a cambiar a otra actividad era proporcional a la cantidad de tecnología disponible. Otro estudio mostro que incluso estar sentado a la vista de otros que estaban haciendo «tareas múltiples» en su ordenador, interfería en la memorización del material que se estaba aprendiendo. Todo esto sirve de advertencia para aquellos a quienes les gusta trabajar con el televisor encendido de fondo o con tecnología digital siempre disponible mientras intentan trabajar.

Aunque la mayoría de nosotros pensamos que podemos cambiar muchas veces eficientemente, solo ciertas tareas funcionan bien cuando se unen. «Hacer numerosas tareas» con música resulta lo más fácil para personas de todas las edades. De hecho, hay razones para pensar que la música puede fomentar realmente el aprendizaje para algunas personas. Ciertamente, escuchar música puede distraer menos que escuchar discutir a tus hermanos o que el sonido de ollas y sartenes –funcionando como una especie de ruido blanco–. (La dificultad puede surgir cuando se usa un móvil para reproducir la música, lo que abre a toda una gama de distracciones durante el tiempo dedicado al trabajo en casa. Mejor es usar una radio o desenterrar un antiguo reproductor de música digital que carezca de internet y de reproductor de videos). Los *baby boomers*, que dijeron tener la mayor dificultad para hacer múltiples tareas a la vez, también descubrieron que parecía posible ver la televisión y comer al mismo tiempo que se hacían otras tareas. A las personas de todas las edades encuestadas les resultaba más difícil afrontar múltiples tareas mientras enviaban mensajes de texto, leían libros y jugaban con videojuegos (Rosen 2015).

Las personas que mantienen encendido el servicio de internet o el móvil y están abiertas a las interrupciones se distraen frecuentemente. Observando a programadores de ordenadores, se vio que eran interrumpidos cada 3 minutos. El uso de portátiles en las reuniones producía una interrupción cada 2 minutos (Rosen 2015).

Además del tiempo que lleva responder a cada una de las distracciones digitales, se requiere una enorme cantidad de tiempo adicional (y de energía cerebral) para regresar al momento previo a la interrupción. Por ejemplo, tu hijo se detiene para leer y responder un mensaje de texto. Puede decir que solo le llevó 30 segundos responder. Sin embargo, el mensaje de texto interrumpió su línea de razonamiento en el trabajo que estaba escribiendo. «¿Dónde estaba? ¿Qué estaba pensando?». Reorientarse puede llevar a retroceder un poco en el trabajo y a pensar de nuevo en lo que debe seguir. Dependiendo del estudio, la investigación muestra que esta reorientación, solo para regresar a donde estabas, puede llevar desde 1-5 minutos hasta los 25 minutos.

En suma, «la investigación psicológica ha demostrado hace tiempo lo que la mayoría conocemos a partir de la experiencia: las interrupciones frecuentes dispersan nuestros pensamientos, debilitan nuestra memoria y nos ponen tensos y ansiosos. Cuando más complejo sea el razonamiento en el que estamos involucrados, mayor es el impedimento que provocan las distracciones» (Carr 2011, 132).

Así pues, los intentos de «hacer múltiples tareas» durante el trabajo escolar presentan tres efectos negativos. El primero es el tiempo dedicado a responder a la interrupción. El segundo es la enorme pérdida de tiempo que se dedica a que el estudiante regrese a donde estaba antes de la interrupción. Y el tercero es que su cerebro se ralentiza por la energía y el estrés invertidos al traumatizar a la ínsula en el esfuerzo de cambiar de una actividad a otra. Ten en cuenta esto para llegar a un acuerdo con tu hijo sobre los dispositivos que tiene en su habitación y que pueden distraerle durante sus deberes (véase capítulo 5).

La «multitarea» no es eficiente, y realmente disminuye el tiempo libre. Tu hijo tendrá más tiempo libre y menos estrés si deja de lado la tecnología digital mientras estudia.

«Pero mama, me aburro tanto cuando no juego con mis videojuegos». La necesidad de un tiempo de inactividad

Aunque tu hijo sea capaz de comer (una tarea bastante mecánica) y de jugar con la Nintendo al mismo tiempo, y parezca que realiza varias tareas de manera bastante eficiente en esta situación, el videojuego interfiere en la capacidad del cerebro para relajarse durante un tiempo de inactividad, algo que habría ocurrido si el niño hubiera disfrutado de la experiencia de comer mientras dejaba que su mente divagara o hubiera charlado con la familia. El tiempo de inactividad es importante. Como GARDNER y DAVIS (2014, 74) escriben:

Soñar despierto, deambular y preguntar son facetas positivas de la vida humana. La introspección puede ser particularmente importante para los jóvenes que están buscando activamente quién y qué quieren ser... Sin liberarse de un camino de vida determinado por las aplicaciones [*app-determined*], los jóvenes corren el riesgo de cerrar prematuramente sus identidades, haciendo menos probable que logren un sentido de sí mismos plenamente realizado y personalmente satisfactorio.

Las pantallas pueden absorber el tiempo que podríamos dedicar a una siesta. Es un hecho reconocido que una siesta de 10–20 minutos mejora la función cognitiva y el vigor, y también reduce la somnolencia y la fatiga. (Sin embargo, las personas se despiertan somnolientas después de una siesta larga de 1 hora o más).

Las pantallas reducen el tiempo para el juego no estructurado

Las actividades que ocupan tiempo de pantalla no solo interfieren en el tiempo de inactividad, sino que también interfieren en el juego no estructurado. Después de revisar décadas de investigación, la Academia Americana de Pediatría concluyó que el juego sin estructura y sin pantalla brinda la mejor vía para que los niños aprendan las habilidades de resolución de problemas, razonamiento, comunicación, creatividad y habilidades motrices. En nombre de la Academia, el Dr. Ari Brown concluyó: «En la "cultura del éxito" de hoy, lo mejor que puedes hacer por tu pequeño es darle la oportunidad de jugar de forma no estructurada, tanto contigo como de forma independiente. Los niños necesitan esto para descubrir cómo funciona el mundo» (AAP 2011b).

Las pantallas reducen el tiempo para otros juegos y actividades estructuradas

Además de reducir el pensamiento creativo, el uso excesivo de los medios también reduce el tiempo libre que podría haberse utilizado para actividades productivas como el deporte, la música y el teatro, y para aprender a relacionarse con personas de la vida real. Los niños con TDAH, en particular, pierden oportunidades de practicar el control de la impulsividad, aumentar la atención, la socialización y el autocontrol. De hecho, los videojuegos por su propia naturaleza pueden reforzar realmente esos rasgos negativos. (Por otro lado, la tecnología digital es el medio utilizado para gran parte de la socialización de un niño con sus compañeros, y puede así tener un efecto social beneficioso, así como, posiblemente, ser útil para enseñar ciertas habilidades, como la lectura). En el capítulo 3 abundamos más en el tema de internet y ciertos grupos específicos de niños.

Las pantallas interfieren en el desarrollo de la atención voluntaria

La atención voluntaria –la capacidad de controlar deliberadamente dónde enfocar tu atención y así controlar tus acciones– es una habilidad fundamental que debe dominarse. Es, quizás, el predictor más importante del éxito futuro. Así se demostró en la década de 1970 mediante la «prueba del malvavisco» realizada en la Universidad de Stanford. A los niños pequeños se les ofreció un regalo, un malvavisco, y se les dijo que podían comérselo inmediatamente, o bien, si esperaban solo 15 minutos, recibir *dos* malvaviscos. La mayoría de los pequeños aguantaron solo 3 minutos antes de hincarle el diente. Sin embargo, un 30% esperó los 15 minutos y obtuvo la doble recompensa. Este 30% usó una serie de técnicas para apartar deliberadamente su atención del malvavisco que estaba frente a ellos: unos se taparon los ojos, otros cantaron, etc.

Lo interesante es lo siguiente. Los estudios de seguimiento hasta los 40 años mostraron que los niños que pudieron controlar su atención –apartándola de los tentadores estímulos– consiguieron mejores resultados en numerosos aspectos de la vida, como las notas obtenidas en la selectividad, el éxito en sus estudios, el mantenimiento de amistades, etc. El éxito en la prueba del malvavisco resultó ser más predictivo que cualquier otro test, incluidos los que miden el coeficiente intelectual (CI). Estos resultados se han confirmado reiteradamente (PALLADINO 2015).

Por lo tanto, cuando les enseñamos a nuestros hijos a ejercitar el autocontrol (atención volitiva) para apartarse de sus pantallas, se espera que desarrollen una de las habilidades más importantes de la vida. Evidentemente, se necesita trabajo para salir de la atracción gravitacional de la pantalla. Esta es una habilidad que vale la pena dominar, a pesar de las escaramuzas entre padres e hijos que pueden surgir mientras se desarrolla.

Áreas en las que el aprendizaje digital sí resulta ventajoso

Por supuesto, hay áreas donde el aprendizaje digital es ventajoso:

- La lectura electrónica ahorra papel.
- La lectura electrónica puede aumentar el acceso a libros y a otra información en zonas con recursos limitados.
- Las tecnologías mejoradas con ordenadores atraen a los estudiantes y parecen mantenerlos involucrados en el aprendizaje que requiere ensayo/repetición. Un metaanálisis de 46 estudios (con la participación de más de 36.000 estudiantes) mostró que el uso del ordenador en matemáticas tenía «importantes efectos positivos». Otro metaanálisis de 84 estudios (con un total de más de 60,000 estudiantes) mostró que los programas informáticos diseñados para mejorar la lectura tenían un efecto positivo, aunque pequeño, en las habilidades de lectura. Es importante destacar que todas estas tecnologías fueron más efectivas con el apoyo de un profesor (GREENFIELD 2015).

- Los estudiantes con necesidades especiales muestran beneficios en gran medida positivos con las tecnologías digitales. A los niños con dislexia, con discapacidad visual, con trastornos del espectro autista y con discapacidad intelectual, les mejora su capacidad para aprender o comunicarse (GREENFIELD 2015).

Resumen comparativo de los efectos que tienen los medios digitales y los impresos en el aprendizaje

A partir de lo anterior, presento las conclusiones siguientes:

- Leer material digitalmente probablemente sea adecuado para textos breves que el lector no planea estudiar ni volver a leer.
- Muchos estudios, pero no todos, sugieren que la copia impresa es mejor que el aprendizaje digital para textos más largos, o textos que se deben estudiar o volver a leer.
- La lectura digital exige contar con un dispositivo digital que distrae (lo que conduce a intentos ineficientes de «multitarea»), tiene poca capacidad para detectar dónde está el lector en el texto y contiene hipervínculos que interrumpen la concentración y obstaculizan la línea de razonamiento cuidadosamente planeada por el autor.
- El texto impreso es claramente preferido como experiencia de lectura. Aunque aún no se ha probado, una experiencia de lectura más placentera puede llevar a los estudiantes a dedicar más tiempo al texto, lo que resulta en un mejor aprendizaje.
- Los portátiles y los teléfonos inteligentes abiertos provocan una gran distracción y se ha demostrado

que afectan negativamente a la atención y el aprendizaje en el aula, incluso cuando se utilizan para navegar por el material relacionado con el tema de clase.

- El uso moderado de la tecnología, junto con la supervisión del docente, parece ser útil, especialmente para el material que requiere repetición/ensayo y para alumnos con necesidades especiales.
- Aun no contamos con resultados totalmente concluyentes. Quizás la generación más joven sea diferente. Pero incluso nuestros estudiantes de secundaria y universitarios se sienten como los mencionados anteriormente, y son en gran medida nativos digitales.
- Las escuelas que cambian a comunicaciones totalmente digitales pueden tener buenas intenciones, pero la estrategia podría ser contraproducente. Es posible que tengamos que esperar hasta que los estudiantes comiencen su vida adulta y su carrera profesional para saber qué enfoque es el mejor. Mientras tanto, cuando las opciones estén disponibles, ¿realmente necesitamos que nuestros estudiantes pasen más tiempo en una pantalla de lo que ya lo hacen siguiendo sus gustos? ¿Tener una pantalla abierta todo el día durante la clase realmente ayuda a nuestros hijos a mantener un equilibrio digital en sus vidas?

Otros efectos psicológicos de la tecnología digital

Además de los efectos en la lectura y en otros problemas de aprendizaje, internet tiene otros efectos psicológicos en sus usuarios. GARDNER y DAVIS (2014) identifican problemas relacionados con la formación de la identidad, la intimidad y la imaginación.

Efectos sobre la identidad

En internet puedes ser quien quieras ser. Tienes tiempo para dar forma a tu avatar como quieras. Puedes encontrar esas respuestas ingeniosas que echaste en falta en la vida real. Puedes ser fuerte. Puedes publicar en las redes sociales solo las cosas buenas que suceden en tu vida. Tu vida puede ser perfecta en línea.

O bien, puede ser un infierno. Es posible que hayas creado una personalidad en línea que no refleja tu verdadero yo, pero ahora estás atrapado en ella. Las acciones de otros en línea pueden forzarte a adoptar rasgos no deseados de tu personalidad. Tu sentido de autoestima puede depender de la rapidez con que otras personas responden a tus publicaciones y de la cantidad de «me gusta» que obtienes. Es un sistema que requiere un mantenimiento constante y que consume mucho tiempo. En el capítulo 2 profundizaremos sobre esto.

Efectos sobre la intimidad

Gracias a la comunicación múltiple y en tiempo real con los demás, la tecnología digital abre métodos previamente no disponibles para compartir con otros, cercanos y lejanos, y así puede promover la cercanía y la amistad.

O no. La comunicación electrónica puede dar lugar a relaciones superficiales obstaculizadas por la falta de comunicación cara a cara. La comunicación constante con un compañero puede parecer –cuando se ven cada uno de manera aislada– como una charla sin sentido («¿A quién le importa el día de perros que tienes?»); pero cuando se considera en su totalidad, puede constituir un grado de intimidad detallada, incluso desde lejos.

Afortunadamente, las investigaciones muestran que «en general, los jóvenes utilizan la comunicación en línea no solo para sustituir la comunicación cara a cara, sino para aumentarla ... por lo que las oportunidades adicionales de comunicarse con los amigos se traducen en un mayor sentimiento de cercanía hacia ellos» (GARDNER y DAVIS 2014, 108).

Efectos sobre la imaginación

Sin embargo, una vez más, dependiendo de su uso, la tecnología digital puede contribuir a acrecentar o a destruir la imaginación y la creatividad. Las aplicaciones e internet abren nuevas puertas a la creatividad y colaboración (una parte importante de la creatividad); por otro lado, pueden sofocar la creatividad al fomentar el mimetismo, la comunicación limitada a través de tweets, o al proporcionar distracciones que limitan el tiempo para la creatividad.

Asociación con otros trastornos psicológicos

Muchos estudios muestran que el uso excesivo de la tecnología digital se asocia con una amplia variedad de trastornos psicológicos. Es esencial señalar que en la mayoría de estas asociaciones no se ha determinado cuál es la causa y cuál es el efecto. Por ejemplo, sabemos que la depresión está asociada con un uso excesivo de la tecnología digital. Sin embargo, la mayoría de las investigaciones actuales no pueden distinguir si una depresión inicial subyacente fue lo primero y luego llevó al uso de internet como un escape, o si el uso de internet creó suficientes problemas en la vida de un niño previamente feliz para ahora deprimirlo. La incapacidad para distinguir causa y efecto es un problema importante en los «estudios observacionales». (Los estudios observacionales implican observar pasivamente si se producen típicamente dos escenarios en la misma población en un momento dado).

Sin embargo, los estudios observacionales son con frecuencia todo lo que tenemos. A menudo es imposible y/o no ético realizar el mejor tipo de investigación, que es un estudio aleatorizado, prospectivo, doble ciego (en dicho protocolo, los participantes se asignan aleatoriamente a uno o más grupos al inicio del estudio, y luego se siguen en el futuro para ver qué sucede en cada grupo, mientras que ni los investigadores ni los participantes del estudio saben a qué grupo han sido asignados los participantes). Por ejemplo, ¿qué se supone que deben hacer los investigadores? ¿Buscar a 1.000 adolescentes, hacer que la mitad juegue con videojuegos durante 5 horas al día, la otra mitad nunca, y luego seguirlos hasta la edad adulta para ver qué grupo termina más deprimido? ¿Inscribirías a tu pequeño prodigio en este experimento?

Así pues, con esta limitación en mente, se han asociado los siguientes trastornos psicológicos con el uso excesivo de la tecnología digital:

- TADH
- Problemas de comunicación social
- TEA
- Ansiedad social
- Ansiedad/estrés
- Trastorno obsesivo/compulsivo
- Depresión
- Problemas de relación
- Problemas escolares
- Abuso de sustancias
- Otras adicciones conductuales (p.e., comida, sexo, juego).

Siempre que evaluemos a alguien por un uso excesivo de tecnología digital, debemos tener en cuenta también los posibles trastornos psicológicos asociados.

2. Efectos neurológicos del abuso de tecnología digital

El cerebro humano tiene una gran capacidad de «plasticidad», es decir, puede remodelarse lentamente a un nivel evolutivo, o mucho más rápidamente a nivel individual. Por ejemplo, los circuitos cerebrales primitivos que originalmente fueron útiles para el reconocimiento visual se han reformado en un área especializada capaz de leer; y los circuitos cerebrales primitivos que originalmente fueron utilizados por el cerebro para funciones numéricas han sido «reciclados» para una aritmética más sofisticada. Además, el desarrollo de habilidades de lectura profunda se asocia con cambios cerebrales más extensos a medida que cada niño aprende a leer.

Examinaré en esta sección algunos de los efectos neurológicos asociados con el abuso de la tecnología digital, centrándome en los estudios de las imágenes del cerebro. Una vez más, no se ha determinado, en general, la relación causa/efecto de estas asociaciones. Además, no está claro que estos cambios sean necesariamente malos. Por ejemplo, a medida que aprendemos a leer, nuestro cerebro experimenta cambios, pero eso es algo bueno. Aquí hay una muestra de qué más ha sido revelado. Incluso si no podemos determinar la relación causa/efecto, la asociación de «hallazgos científicos rigurosos» basados en la imagen mediante resonancia magnética (IRM) aumenta la credibilidad de la existencia de los problemas que hemos estado discutiendo. Puede encontrarse un resumen completo de los estudios de neuroimagen de la adicción a internet en LIN y LEI (2015).

- Un estudio IRM muestra una correlación entre la «multitarea» con diversos medios y los volúmenes más pequeños del cuerpo calloso anterior.

- La «multitarea» con videojuegos de acción se correlaciona con cambios funcionales y estructurales en la red de atención frontoparietal, y produce mejoras en ciertos tipos de atención.
- La adicción a internet se correlaciona con cambios en partes del cerebro que rigen el autocontrol y el reconocimiento de recompensas a niveles apropiados.

(Loh 2015)

- Los estudios nucleares muestran una regulación anormal de la dopamina en la corteza prefrontal que se observa en la adicción a internet. Esto podría explicar la recompensa excesiva percibida por la persona con la adicción, así como su incapacidad para controlar el comportamiento.
- Los escáneres cerebrales muestran cambios similares entre la adicción a los videojuegos y los cambios que se observan en otras formas de adicción. Existen similitudes tanto estructuralmente como con respecto a los hallazgos del sistema de recompensa de la dopamina.

(Huang 2015)

En resumen, los estudios cerebrales mediante IRM muestran que, en comparación con la población general, las personas que son adictas a internet tienen una disminución de materia gris en las áreas del cerebro que son responsables del control cognitivo, la inhibición de respuestas incorrectas, la ejecución del comportamiento dirigido a un objetivo, la motivación y el procesamiento de la recompensa. Los estudios mediante imágenes también revelan diferencias de materia blanca (las autopistas de conexión entre las áreas del cerebro) en áreas que controlan la memoria y la información multisensorial (YUAN *et al.* 2011). Aunque la severidad de estos cambios está en correlación con la duración de los síntomas de adicción, no está claro si los cambios son la causa o el resultado de la adicción a internet. De todos modos, los datos ayudan a verificar la existencia de un verdadero fundamento biológico de la espiral de adicción –lo que ayuda tal vez a que los que atienden al paciente adicto lleguen a ser más empáticos con él–.

3. Efectos físicos del uso de medios digitales

Un tanto sorprendente –o no– es la existencia de múltiples efectos y peligros físicos asociados al uso y al abuso de los medios digitales:

- *Dificultades para dormir y somnolencia diurna.* Incluso la luz que procede de la pantalla de un portátil puede impedir que el cerebro segregue melatonina, la hormona natural liberada en la oscuridad que ordena al cerebro que hay que irse a la cama. En una encuesta realizada a 3.076 estudiantes suizos del último curso de secundaria se encontró que los muchachos con un uso problemático de internet tenían más del doble de probabilidades de tener problemas de sueño que el promedio de los usuarios (SURIS *et al.* 2014). Usar gafas de sol amarillas (disponible a través de Amazon) ayuda a filtrar la parte del espectro de luz que interfiere en el inicio del sueño.
- *Dolor de espalda, dolor musculoesquelético y dolor de cabeza* parecen ser problemas adicionales provocados por los problemas de sueño (SURIS *et al.* 2014).
- *Agresividad* incluso entre niños con un uso normal de la tecnología, y comunicada por ellos mismos,

incluso después de usar tecnología solo durante 30 minutos (Smahel, Wright y Cernikova 2015).

- *Hábitos alimentarios deficientes, incluidas la omisión de comidas y la obesidad.* Esta última parece estar asociada con la presencia de un televisor en el cuarto del niño, junto con el abuso de sustancias, el uso del tabaco y la exposición a la pornografía (AAP 2013).
- *Accidente por escribir mensajes de texto mientras se conduce.* En general, se tarda 5 segundos en mirar un mensaje de texto, durante los cuales un automóvil que se mueve a 95 km por hora habrá recorrido mucho más que la longitud de un campo de fútbol. ¿Crees que todavía no sucede? Casi la mitad de los estudiantes de bachillerato de EE. UU. ha leído o enviado un mensaje de texto o un correo electrónico mientras conducía en los últimos 30 días. ¿Crees que solo son adolescentes? El porcentaje aún se mantiene en el 31% de los conductores estadounidenses de entre 18 y 64 años (Burley Hofmann 2014).
- *Accidentes por escribir mensajes de texto mientras se camina.* Resulta que escribir mensajes de texto mientras se camina provoca más accidentes por kilómetro que los que son provocados por una conducción distraída, aunque estos accidentes peatonales suelen ser menos graves. Las visitas a la sala de urgencias relacionadas con el uso del móvil en la Universidad Estatal de Ohio se triplicaron entre 2004 y 2010. De las decenas de miles de visitas a urgencias por accidentes peatonales que se producen anualmente en los EE. UU., alrededor del 10% se consideran relacionadas con el uso del móvil mientras se camina (*Science Daily* 2014; Glatter 2012).

- Se ha descubierto una *pérdida auditiva* en el 12,5% de muchachos estadounidenses con edades comprendidas entre 6 y 19 años. Los auriculares, potenciados por reproductores de música portátiles, se encuentran entre los principales sospechosos. Después de todo, con los auriculares puestos, puedes reproducir música todo el día y ningún padre puede detectar el volumen y gritar: «¡Baja el volumen!». Los niños y los adolescentes necesitan exámenes auditivos periódicos para prevenir o mitigar la pérdida de audición (KENNEDY KRIEGER INSTITUTE 2015).

- *Lesiones por movimientos repetitivos del pulgar* al usarlo para escribir mensajes de texto (EAPEN *et al.* 2014). Además, ¿qué ocurrirá con el cuello y la postura de nuestros hijos al pasar tanto tiempo con el cuello encorvado mientras miran la pantalla del portátil?

- *Hipercolesterolemia, hipertensión y asma* están asociados con (aunque no necesariamente provocados por) el uso excesivo de televisión (STRASBURGER, JORDAN y DONNERSTEIN 2010).

- *Muertes y lesiones por la caída de televisores digitales.* Cada año, una multitud de niños muere o se lesiona al derribar grandes televisores de pantalla plana y/o los muebles en los que se apoyan. Los niños pequeños a menudo sacan un cajón para trepar a los muebles y pueden ser aplastados y heridos (especialmente neurológicamente) por la caída del televisor o de su soporte. A menudo intentan alcanzar el control remoto u otras cosas en el televisor o su soporte. Los televisores deben estar bien sujetos a la pared con ataduras fácilmente disponibles. No guardes el control remoto u otros artículos atractivos en o cerca del televisor. Los muebles bajos y anchos tienen menos probabilidad de volcar. Para obtener más información, consulte el PRODUCTS SAFETY PROJECT (2015).

- *«Muerte por selfi»* se refiere a las docenas de personas que han muerto al colocarse en posiciones arriesgadas mientras se fotografiaban a sí mismas. Cada año muere más gente por causa de los selfis que por ataques de tiburón. Bombay los ha prohibido después de que se atribuyeran a esta causa la muerte de 19 personas. Las muertes se produjeron al caer por acantilados, al ser arrollados por un tren, al tener accidentes de tráfico y al dispararse a sí mismos mientras se hacían un selfi con su arma. (Al parecer, las armas no matan a las personas… pero los selfis sí). Además, se teme que hacerse selfis interfiera en la experiencia y vivencia reales durante un acontecimiento especial (SALIE 2016).

Capítulo 2

Los problemas relacionados
con el *contenido* de la tecnología digital

En el capítulo 1 hemos examinado los problemas relacionados con el *uso* de internet y de tecnología digital
–problemas asociados con la tecnología misma como el
medio mediante el que nos comunicamos–. Hemos ana-
lizado temas tales como los efectos en la lectura provocados por los hipervínculos y la «multitarea», junto con
los cambios cerebrales y los problemas físicos asociados
con el uso de internet. En el capítulo 2 nos centraremos
en el *contenido* real transmitido a través de la tecnología
digital.

Por supuesto, una fabulosa cantidad de información y
de oportunidades sociales están disponibles al instante a
través de internet. Pocos de nosotros, si es que hay alguno,
renunciaríamos a tener internet (para nosotros o para nuestros hijos) –ni tampoco es una opción a nuestro alcance–.
Internet está aquí para quedarse. No podemos ni queremos
evitar que nuestros niños participen en la era digital.

Ciertamente, permitimos que nuestros hijos se expongan
a toda una serie de peligros cuando se conectan, incluidos
los que se encuentran los niños «normales» en cantidades

«normales». La mayoría de los padres no controlan las letras de las canciones o el contenido de los medios que consumen sus hijos. Además, en la conexión en línea se producen los peligros de dar demasiada información personal, del *sexting* [enviar o recibir imágenes de tipo sexual o pornográfico] y del ciberbullying –comportamientos irresponsables facilitados por la percepción de que uno no puede ser visto ni ver al destinatario–. Para que pensemos que podría ocurrirles a nuestros pequeños ángeles tengamos en cuenta que el 64% de los adolescentes admiten comportarse en línea de un modo que desaprobarían sus padres, y el 81% de los adultos no confían en lo que hacen sus hijos en línea.

Examinaremos los problemas relacionados con:

- Las redes sociales:
  - Acoso
  - Envío/recepción de datos sexuales-pornográficos o *sexting*
  - Privacidad

- Medios digitales como letras de canciones y videos
- Juegos digitales:
  - Juegos de rol
  - Violencia

- Pornografía.

1. Redes sociales

Como hemos visto, a través de internet se desarrolla una gran cantidad de comunicación social. Tengamos en cuenta los siguientes datos:

- El 71% de los niños tiene un televisor o un dispositivo con internet en su habitación, lo que les garantiza un acceso continuo a los medios digitales (AAP 2013).
- El 62% de los estudiantes de la generación i (adolescentes) afirma que en 15 minutos mira sus dispositivos digitales numerosas veces (ROSEN 2012).
- Los adolescentes recibieron y enviaron 3.705 textos al mes –unos 6 por hora (ROSEN 2012)–.
- 1 de cada 3 adolescentes envía más de 100 textos al día (sustituyendo en gran medida el uso del teléfono) (AAP 2013).
- Facebook tenía 1,19 mil millones de usuarios en 2013, el 50% de cuales lo usa diariamente (GRIFFITHS, KUSS y DEMETROVICS 2014).
- Sin embargo, 2 de cada 3 niños y adolescentes dicen que sus padres no tienen normas sobre el uso de los medios. Esta falta de normas hace que las actividades sociales y de otro tipo sean un «Salvaje Oeste» (AAP 2013).

La atracción de las redes sociales

Puedes reinventar o retocar tu vida

En la revista *New Yorker* aparece una tira cómica en la que un perro está tecleando en el ordenador mientras mira a otro perro y le dice: «En internet nadie sabe que eres un perro». En efecto, puedes presentarte en internet como desees. Puedes reinventarte, presentar las partes buenas y los tiempos mejores. Puedes «retocar» toda tu vida –no solo tus fotografías, sino toda tu existencia–. Elimina los momentos malos y embellece los mejores. De alguna manera, los «selfis» parecen retratar solo los buenos tiempos. Tu vida parece maravillosa.

Desafortunadamente, es duro y consume mucho tiempo mantener la imagen, y la constante documentación de tu vida mediante selfis y tweets puede interferir con vivirla realmente. «Está bien», podrías pensar, «he conseguido mi selfi frente al Gran Cañón. ¡Vámonos ya!».

Además, la constante presentación del yo idealizado puede hacer más difícil que reveles tu verdadero yo, con todas sus dudas, fragilidades y ansiedades. El tú real puede ser absorbido por tu imagen virtual. También hace que otros sufran de «FOMO» –*Fear of Missing Out* [miedo a perderse algo o a quedar excluido de algo]–, es decir, de no gozar de los buenos momentos que tus compañeros parecen tener. «Comparada con la de cualquier otro, mi vida parece muy aburrida y sin gracia. No siempre lo paso tan bien». Necesitamos explicar esto a nuestros niños y admitir que a menudo también nos sentimos así, por ejemplo, en las fiestas en las que nos ponemos al día brevemente con otros invitados que nos cuentan cosas maravillosas sobre su familia, o cuando recibimos esas tarjetas de felicitación navideña donde todos parecen estar tan felices. No solemos recibir una tarjeta que diga «Feliz Navidad. Mi hijo puede estar sonriendo en esta foto, pero acaba de salir de rehabilitación».

Los «me gusta» son adictivos

En los «buenos viejos tiempos» obtuviste comentarios positivos lentamente a través de buenas acciones u otros logros. Con la llegada de las redes sociales, nuestros hijos se impacientan por una respuesta inmediata o un «me gusta» minutos después de enviar esa información urgente, ya sea como un mensaje de texto para una persona, un texto grupal, los cientos de «amigos» que han acumulado o el mundo entero. «Solo tengo que volver a verificar para ver si alguien ha respondido». Toda respuesta positiva arroja una pequeña gota de dopamina en el centro de recompensa del cerebro. Aún más poderosamente, los estudios de neuroimágenes revelan que la *anticipación* de una recompensa es más estimulante que su recibo real. Además, la recompensa de cada respuesta no es suficiente para ser totalmente satisfactoria, lo que te deja con hambre de más: otra característica de la conducta adictiva (GREENFIELD 2015). Por lo tanto, la capacidad de presentarte como deseas más la recompensa de dopamina de los comentarios instantáneos contribuye al tiempo que se pasa en las redes sociales.

El ciberacoso

Por supuesto, no todas las respuestas son positivas. A menudo, las personas se reinventan como «guais» (que con frecuencia significa «crueles»). El ciberacoso consiste en usar la tecnología digital para avergonzar, intimidar, amenazar, molestar o atormentar a otros. Evidentemente, internet no ha inventado el acoso, pero puede hacerlo más fácil por su capacidad para propagar insultos rápidamente a otros y el supuesto anonimato o la falta de confrontación cara a cara requerida para decir maldades. Los grupos pueden organizarse fácilmente para atraer a otros a unírseles. Esto ha llevado a la generalización de la maldad en las redes sociales. En una encuesta realizada a muchachas estadounidenses de 12 y 13 años, 1 de cada 3 dijo que las interacciones en las redes sociales eran «groseras en su mayor parte» (GREENFIELD 2015). Esta exposición no solo hace mella en la propia imagen de nuestros hijos, sino que también les enseña por imitación que la crueldad es una norma aceptable.

Forma parte de nuestra tarea como padres enseñar explícitamente que la crueldad no es aceptable en ningún entorno –ya sea en el mundo virtual o en el mundo físico real–. Necesitamos enseñar a nuestros hijos cómo resolver los conflictos. Puedes suscitar el tema preguntando, como quien no quiere la cosa, si hay algo que les molesta cuando están en línea. Explica que si las disputas se tratan personalmente es menos probable que se propaguen digitalmente. BURLEY HOFMANN (2014, 55) sugiere que se escriba: «No quiero hablar sobre esto en línea». En todo caso, enseña la «regla de los cinco minutos», a saber, esperar hasta cinco minutos antes de pulsar la tecla de «enviar» para expresar que estás a la defensiva, a la ofensiva o en plan agresivo. A veces es incluso mejor «consultarlo con la almohada» en estas situaciones. Burley Hofmann sugiere también bloquear a las personas que te acosan. Facebook contiene información sobre cómo afrontar el acoso, como también la página www.stopbullying.org o el psicólogo o el orientador del colegio. Indagaremos en el tema en el capítulo 4.

Sexting *[envío de material erótico-pornográfico de un usuario a otro]*

Nos guste a no, muchos de nuestros hijos envían o reciben imágenes sexuales personales. La mayoría de estas fotografías se envían deliberadamente, aunque algunas se mandan por accidente a destinatarios no previstos, y, en ocasiones, se usa como «porno de venganza», como expresión de ira o ajuste de cuentas.

- Una encuesta realizada a 600 estudiantes de secundaria del suroeste [de los EEUU] puso al descubierto que casi 1 de cada 5 habían enviado fotografías sexualmente explícitas de sí mismos con su móvil. De estos, más de 1 de cada 3 tenía conocimiento de posibles repercusiones legales u otras repercusiones graves.

- Casi 2 de cada 5 dijeron que habían recibido imágenes sexualmente explícitas en su móvil. Más de una cuarta parte de estos estudiantes habían enviado estas imágenes a otros.

(STEINER-ADAIR y BARKER 2013)

Pero todo el mundo lo hace

No, no lo hace todo el mundo. La mayoría de los niños no practican el *sexting*. Si tu hijo recibe un texto con esas imágenes, enséñale a «borrarla y no repetir». Pueden rechazar una petición al respecto desviando la sugerencia con humor, manteniéndola fuera de línea y resistiéndose al engaño de «te enseñaré la mía si tú me enseñas la tuya». Desafortunadamente, existe un doble rasero para los muchachos y las muchachas; estas se exponen a mayores consecuencias que los primeros. No es un intercambio justo.

Nuestros jóvenes necesitan saber que, aunque tengan menos de 18 años, hacer, enviar o recibir imágenes explícitamente sexuales de otro menor podría ser considerado pornografía infantil según las leyes federales de los Estados Unidos. Incluye hacerte fotos de ti mismo o de otro menor que consienta. (Puesto que los menores no pueden dar su consentimiento legal para hacerse fotos estando desnudos, no existe tal cosa como el consentimiento de un menor).

Asegúrate de que tu hijo sepa que no te pondrás hecho un basilisco si te informa sobre este tema. Evidentemente, te sentirás decepcionado y enfadado, pero necesita saber que no echarás, innecesariamente, más hierro al asunto y que puede acudir siempre a ti cuando requiera ayuda. En la web www.commonsensemedia.org encontramos buenos consejos al respecto.

Dar demasiada información

Los estudios muestran que el 50% de los adolescentes han revelado información personal, como descripciones físicas o fotografías, a extraños. Más de la mitad ha enviado mensajes grupales a todos los amigos de Facebook, que asciende a un promedio de 500 personas a la vez en el caso del joven típico (GREENFIELD 2015). ¿A dónde llega la información transmitida por este medio? ¿Quién lo sabe? Nuestros hijos tienen que aprender que en internet no existe la privacidad. Ni tampoco en Snapchat. ¿Has oído hablar alguna vez de la captura de pantalla o del botón de avance? Se pueden aplicar controles parentales. Puede ajustarse la configuración de privacidad en Facebook. Unas buenas sugerencias pueden encontrarse también en el libro de V. BLUE *The Smart Girl's Guide to Privacy*, como también en la sección de recursos al final de este libro.

Antes de enviar cualquier información, los remitentes deben preguntarse:

- ¿Me provocará problemas esta información o imagen a mí o a alguien más?
- ¿Tengo el consentimiento para etiquetar a esta persona en la foto?
- ¿Provocará una tragedia esta imagen o información?
- ¿Tengo en cuenta que podría pasarse a cualquiera?
- ¿Aprobaría mi abuela que la enviara?
- ¿Cómo me sentiré dentro de un año?
- ¿La envío a amigos de verdad o a amigos a quienes he añadido a mi lista para aparentar ser más popular? ¿Estarían conmigo si algo saliera mal?

Ocultar demasiada información

Es difícil mantenerse al día con el comportamiento taimado, especialmente con personas que manejan mejor las habilidades tecnológicas que nosotros. Los ejemplos principales son los que se llaman «aplicaciones cripta», que parecen ser aplicaciones inocentes, pero si escribes la contraseña correcta conduce a imágenes almacenadas de forma privada u otros materiales ocultos. Por ejemplo, una aplicación se parece a una aplicación de calculadora normal. La abres y hay una calculadora. Sin embargo, escribes el código de acceso y, *voilà*, se concede acceso al material oculto. Algunas aplicaciones tienen incluso una contraseña señuelo, por lo que si un padre pregunta por la contraseña de la cripta puede ser llevado a un escondite falso lleno de cosas inocentes.

Los padres pueden tomar medidas proactivas. Por ejemplo, crear controles para que los teléfonos inteligentes de los hijos requieran su aprobación cada vez que quieran descargar una aplicación, sea de pago o gratuita. La información pertinente sobre los iPhone se encuentra en la página web de Apple, y requiere configurar cada iPhone con «Family Sharing» y luego activar la función «Ask to Buy» en el teléfono del niño. Los usuarios de Android pueden configurar controles parentales en la tienda de aplicaciones de Google Play. La aplicación para Android llamada «AppLock» se puede aplicar a aplicaciones sospechosas de ser criptas, bloqueándolas con un código PIN. Vea también www.commonsensemedia.org, www.teensafe.com y http://safetynet.aap.org.

La parte buena de las redes sociales

Por supuesto, las redes sociales tienen su parte buena. Facilitan mantenerse en contacto con la familia y los verdaderos amigos. Los estudios demuestran que la comunicación y hablar claramente de uno mismo en línea pueden mejorar socialmente las conexiones de los adolescentes, con una consiguiente mejora de la sensación de bienestar. Sin embargo, este resultado beneficioso solo se produce con amigos reales y con los familiares. Cuando las técnicas de comunicación se utilizan con extraños, tienden a provocar una disminución de la sensación de estar conectado socialmente (STRASBURGER *et al.* 2010).

Incluso el constante tuiteo sobre minucias como «Me he puesto hoy la falda rosa que está de moda» puede tener un efecto positivo, por lo que la suma del todo es mayor que sus partes individuales. Tomados acumulativamente durante semanas y meses, los fragmentos de información tejen un retrato de la vida interior de tu amigo. Conoces a la persona. Conoces su rutina. Puedes sentirte sorprendentemente cerca de ella.

2. ¿Afecta a la sexualidad la exposición a la pornografía y a otros medios?

Sí. El impulso sexual es normal y es importante para la supervivencia de cualquier especie, incluida la nuestra. Lo que no es natural es la descripción de «normas» sexuales de las que nuestros hijos pueden disponer tan fácilmente. La pornografía en internet no refleja, en general, la actividad sexual de la vida real. No solo omite las llamadas ideas «anticuadas» sobre la necesidad de preocuparse y de amar a tu pareja, sino que la exposición a la pornografía suscita expectativas no reales sobre lo que las personas experimentarán en su vida real. Los jóvenes no saben que todo este material es solo fantasía –una fantasía denigratoria que normalmente no muestra ni respeto ni afecto ni prácticas de sexo seguro–. Hojear un ejemplar de *Playboy* de tu padre no tiene ni punto de comparación con el material del que disponen actualmente nuestros hijos. Se requiere un debate abierto sobre el sexo y la pornografía, o, de lo contrario, nuestros hijos dependerán de internet para su asesoramiento sexual. Información sexual procedente de sitios pornográficos o de nosotros, ¿cuál será la opción? Pista: en los sitios pornográficos se cobra mucho más que ejerciendo de padres, por lo que no desaparecerán.

Veamos algunos hechos reales y conclusiones proporcionadas por la Academia Americana de Pediatría (2010) en su documento «Policy Statement –Sexuality, Contraception, and the Media» [Declaración de política: sexualidad, anticoncepción y medios de comunicación]. Examinaremos el estado de la sexualidad en los EE. UU., hasta qué punto exponen los medios a la sexualidad, y luego examinaremos la relación entre los dos.

La sexualidad de los adolescentes en Estados Unidos

- El 46% de los estudiantes del último año de instituto ha tenido relaciones sexuales.
- El 14% de los mismos estudiantes ha tenido al menos cuatro parejas.
- El 10% de las muchachas que tuvieron relaciones sexuales en sus años adolescentes afirmaron que su primera vez fue involuntaria.
- Los datos de los Centros para el Control y la Prevención de la Enfermedad muestran que 1 de cada 4 adolescentes ha tenido una infección transmitida sexualmente.

- En el momento en que escribimos, los Estados Unidos siguen contando con la tasa más alta de embarazos de adolescentes en el mundo occidental.

(AAP 2010)

La exposición de los adolescentes a contenidos sexuales en los medios de Estados Unidos

- *Televisión.* Los niños y los adolescentes estadounidenses pasaron 7 horas al día ante los medios, con la televisión como medio preferente. El 75% de los programas *prime time* tenían contenidos sexuales. Sin embargo, solo de forma muy poco frecuente (14%) hablaba el programa de los riegos y las responsabilidades implicados en la sexualidad.
- *Música.* El 40% de las letras contenían material sexual; solo el 6% comunicaban mensajes sobre la salud sexual.
- *Películas.* Las películas para adolescentes contenían puntos de vista distorsionados sobre la relación amorosa y las actividades normales propias de la edad. Casi todas las películas para adolescentes, clasificadas para adultos, contenían al menos una escena de desnudo.
- *Internet.* Una encuesta a nivel nacional realizada en 2007 entre muchachos y muchachas de 10-17 años puso de manifiesto que casi la mitad había visto pornografía el año anterior.
- *En general*, una encuesta realizada en 1999 entre muchachas de 11-17 años reveló que solo las de 11 años no sentían la presión de los medios para comenzar a tener relaciones sexuales.

(AAP 2010)

La relación entre la exposición a los medios y el comportamiento sexual del adolescente

Los estudios correlaciones demuestran que en un «instante» determinado surgen dos factores que tienden a ir juntos –se correlacionan entre sí, pero no prueban que uno sea causa del otro–. Por ejemplo, ojos azules y pelo rubio van juntos (se correlacionan), pero ninguno es causa del otro. Los estudios correlacionales han logrado establecer las siguientes asociaciones:

- Escuchar letras de canciones sexualmente degradantes se asocia con relaciones sexuales prematuras.
- La exposición a videos musicales de rap o a la pornografía se asocia con la posibilidad de desarrollar una enfermedad de transmisión sexual o de tener múltiples parejas en las adolescentes negras.
- La exposición a medios con contenido sexual aumenta la intención de tener relaciones sexuales en el futuro cercano.
- La televisión en el dormitorio de un niño se asocia con una mayor actividad sexual y consumo de drogas por parte de los adolescentes.

(AAP 2010)

Los estudios longitudinales son los que siguen a un grupo a lo largo del tiempo, proporcionando así una prueba más sólida sobre la posible relación entre causa y efecto. Estos estudios parecen implicar que el acceso a medios con contenido sexual conduce a una relación sexual prematura.

- Múltiples estudios muestran que la exposición a la televisión y a otros medios con contenido sexual duplica el riesgo de relaciones sexuales prematuras, especialmente entre los adolescentes blancos.

- Es menos probable que los adolescentes tengan relaciones sexuales prematuras cuando sus padres ponen límites a su visión de la televisión.
- El riesgo de embarazo en la adolescencia se duplica con la temprana exposición al contenido sexual.
- Es importante destacar que la investigación también ha demostrado que los programas de televisión *pueden* ser una fuerza para el bien, al concienciar sobre asuntos relacionados con la sexualidad y proporcionar la educación y la apertura necesaria para que debatan los jóvenes y sus padres.

(AAP 2010)

3. ¿La exposición a los medios aumenta el riesgo de comportamiento violento?

Sí. La respuesta, basada en una abrumadora investigación, muestra una clara asociación entre la violencia presentada digitalmente y la agresividad y el comportamiento violento. La prueba es casi concluyente al respecto, es decir, que la exposición a los medios causa realmente violencia y que no se trata de una mera asociación estadística. En la declaración de política sobre la violencia en los medios de comunicación, la Academia Americana de Pediatría (AAP 2009a) llegó a estas conclusiones, que hacían referencia a otras similares publicadas por el Instituto Nacional de Salud Mental (NIMH, siglas en inglés) y por la Comisión Federal de Comunicaciones (FCC, siglas en inglés).

- La *televisión* todavía tiene gran parte de la culpa, lo que empeora por la colocación frecuente de un televisor en la habitación del niño (el 19% de los más pequeños y el 68% de los niños de 8 años o más tienen un televisor en su habitación). Un televisor en el dormitorio de un niño aumenta su exposición a la televisión 1 hora al día. Una gran proporción del contenido de televisión se consume ahora en el teléfono inteligente u otra pantalla relacionada con el ordenador. Los medios consumen tanta parte de la vida de un niño que reemplazan a los padres y maestros como modelos a seguir. El acceso en el dormitorio a dicha tecnología hace que los padres tengan más difícil controla lo que ven los niños: gran parte es de naturaleza violenta. Se ha estimado que cuando nuestros hijos llegan a tener 18 años han visto 200.000 escenas violentas. Esa exposición demuestra a menudo que el uso de la violencia y las armas de fuego es un medio para resolver problemas (AAP 2009a).

- Las *películas* también contribuyen a la exposición a la violencia: el 100% de las películas animadas de EE. UU., producidas entre 1937 y 1999, mostraron violencia, con una representación siempre creciente de violencia con intención de hacer daño (AAP 2009a).

- Las *letras musicales* también juegan un papel en la contribución de los medios a la exposición a la violencia. El joven estadounidense promedio escucha música 1,5-2,5 horas al día, mientras que los jóvenes «en riesgo» escuchan música casi 7 horas al día. En su mayor parte, esta música se escucha con auriculares, lo que reduce la capacidad de los padres para controlarla (AAP 2009b). (Los padres pueden encontrar la letra de la música de sus hijos utilizando uno de los sitios que aparecen al buscar «letras de canciones»).

4. ¿Conducen los videojuegos violentos a un comportamiento violento?

Sí. Existe una prueba sólida de que jugar con videojuegos violentos (que representan el 60% de las ventas) conduce a un comportamiento agresivo. Un metaanálisis exhaustivo de 381 test realizados a más de 130.000 participantes descubrió que los videojuegos violentos aumentaban significativamente la cognición agresiva, el comportamiento agresivo y la excitación física, mientras que disminuían la sensibilidad a la violencia y la interacción social positiva (GREENFIELD 2015). Los videojuegos constituyen un lugar ideal para practicar la violencia, comenzando con la provocación, seguida por la creación y la ejecución de la violencia como medio de resolución de conflictos. De hecho, la violencia se recompensa con puntos o subiendo de nivel (GREENFIELD 2015). Varios estudios de laboratorio confirman que los videojuegos violentos nos hacen reaccionar con mayor agresividad. Lo que es menos claro, sin embargo, es cuánto duran esos efectos, y si invariablemente se trasladan a escenarios naturales. Hasta el momento, ningún estudio demuestra una conexión directa con la violencia criminal (GREENFIELD 2015). Veamos algunos de los estudios sobre los que se basan tales conclusiones.

En un estudio se asignaron a unos adolescentes tres tipos de videojuego: uno de violencia realista (del tipo en el que la sangre corre por todos lados), otro de fantasía con contenido violento, y un tercero sin violencia. Después de jugar, compitieron con un compañero en una tarea que no formaba parte del video. Al ganador de la tarea se le dijo que podía hacer ruidos fuertes a través de los auriculares del perdedor y también, aunque falsamente, que el ruido podría provocar la pérdida permanente de la audición. Aquellos que habían jugado un juego violento fueron los más agresivos en el uso del ruido con un compañero al que no tenían rencor alguno. La violencia realista y el hecho de estar inmerso en el videojuego fueron factores de riesgo particulares para un comportamiento agresivo posterior (GREENFIELD 2015).

En otro estudio se asignaron aleatoriamente a los estudiantes un videojuego violento o no violento. Luego, se organizó una pelea falsa fuera del laboratorio. Los estudiantes que acababan de terminar el juego violento tenían menos probabilidades de responder rápidamente y ayudar, de juzgar la pelea como algo serio o incluso de escuchar la pelea. En este experimento de laboratorio parece que el videojuego violento insensibilizó al jugador con respecto a la violencia (GREENFIELD 2015).

En otro estudio se asignaron aleatoriamente a los sujetos un videojuego violento o no violento y se les dijo que jugaran durante 20 minutos. Luego se les mostró un videoclip de un explícito comportamiento violento del mundo real. Aquellos que acababan de jugar el videojuego violento mostraron menos reactividad al horror del clip, medida por un menor aumento en la frecuencia cardíaca y la sudoración medida por la conductancia de la piel (GREENFIELD 2015).

Los juegos también se asociaron con una menor actividad de una región del cerebro involucrada en la memoria encargada de la emoción, llamada amígdala (GREENFIELD 2015).

Ciertamente, no obstante, hay algunas habilidades positivas que se pueden aprender de toda esa práctica asociada a los videojuegos. Los estudios controlados han demostrado que el juego da como resultado mejores habilidades visoespaciales, coordinación ojo-mano, capacidad de observar y rastrear múltiples criaturas simultáneamente, observar pequeños detalles y cambiar de manera flexible entre las tareas. De hecho, los jugadores son cirujanos laparoscópicos bastante buenos (Greenfield 2015).

5. ¿Afectan los medios al uso de sustancias?

Sí. El 70% de las películas realizadas en 2010 aún contenían el hábito de fumar sin mencionar sus efectos negativos. ¿Afecta al hábito de los niños? Sí, efectivamente. Los estudios muestran que la exposición a películas en las que se fuma durante los años de secundaria predice que se comenzará a fumar entre 1 y 8 años después. Afirmaciones similares pueden hacerse sobre el uso el alcohol (Strasburger *et al.* 2010).

6. Recomendaciones conclusivas de la Academia Americana de Pediatría con respecto a los medios digitales

- Los medios, incluidos la televisión, los teléfonos inteligentes, las letras de la música y los videos musicales, tienen efectos sobre la sexualidad y la violencia. Se trata de un asunto que debes comentar con tu médico.
- Limita el entretenimiento a través de la pantalla a menos de 1 o 2 horas al día.
- No permitas que haya un televisor o un dispositivo conectado a internet en el dormitorio de los niños. La presencia de un televisor en el dormitorio dificulta controlar lo que ve, se ha descubierto que aumenta la exposición a la TV en 1 hora al día, se asocia con un peor rendimiento escolar, eleva al doble el riesgo de fumar y la obesidad se incrementa en un 31%. Este último problema está relacionado probablemente con los anuncios que fomentan elegir productos poco

nutritivos y con la posibilidad de una disminución de la actividad física.

- Controla los medios de los hijos y las páginas web que visitan.
- Mira los medios que usan los niños y los adolescentes junto con ellos, por su seguridad y para propiciar ocasiones de debatir con ellos.
- Organiza un plan familiar.

(AAP 2013)

- Ejerce como modelo de un buen comportamiento en relación con los medios. Los estudios demuestran que el uso excesivo de los medios por los padres es el mayor predictor del uso excesivo por parte de los hijos. Se ha descubierto que la discusión con los padres sobre los temas presentados por los medios es ventajosa para contrarrestar los efectos del contenido dañino, incluyendo la menor probabilidad de que los niños participen en conductas sexuales arriesgadas (Strasburger *et al.* 2010).

Téngase en cuenta que un conjunto más reciente (2015) de «puntos de discusión» de la Academia Americana de Pediatría (que aún no está codificado en una declaración de política oficial) está restando énfasis a los límites de tiempo a favor de los siguientes tipos de sugerencias:

- El mundo digital es simplemente otro entorno, un entorno virtual (digital) en el que los niños pueden hacer las mismas cosas que han hecho siempre –buenas y malas–. Los padres tienen los mismos deberes en todos los entornos: enseñar a tratar a los demás con amabilidad, poner límites (los niños los necesitan y los quieren), saber a dónde van sus hijos, qué harán, con quién, etc. ¿Dejarías que tu hijo saliera al mundo real sin preguntarle qué planes tiene?

- La calidad del contenido es más importante que el tiempo dedicado. Asegúrate de que tu hijo prioriza cómo pasar su tiempo, en lugar de cronometrarlo simplemente.
- Dedica tiempo para que tu hijo interactúe contigo. Destina un tiempo para el juego estructurado (contigo o sin ti), como también para el juego no estructurado y otros intereses. ¿Ayuda o interfiere el tiempo de pantalla en otras actividades?
- Crea espacios libres de tecnología durante las comidas y las noches. Usa un lugar central para cargar los dispositivos durante la noche.
- El tiempo de conversación con el niño es fundamental para el desarrollo del lenguaje y requiere una comunicación bidireccional. La interacción en vivo es lo mejor. La exposición óptima a los medios educativos comienza después de los 2 años. Antes de esa edad, los medios solo tienden a reducir el tiempo dedicado a la comunicación entre padres e hijos.
- El compromiso conjunto de los padres con los medios es esencial para los bebés y niños pequeños, y ayuda al aprendizaje y la interacción social con todos los niños.

(BROWN, SHIFRIN y HILL 2015)

Publicaré un resumen actualizado de estas recomendaciones en mi sitio web www.KidsBehavioralNeurology.com cuando se hayan revisado y se publiquen como la «política oficial» de la Academia Americana de Pediatría. En los capítulos 4 y 5 se abunda en estas y en otras sugerencias adicionales.

Capítulo 3

Problemas relacionados
con grupos específicos de población

En este capítulo centraremos nuestra atención en los problemas del tiempo de uso de pantallas relacionados con tres grupos particulares, especialmente:

- Niños muy pequeños (sobre todo los menores de 2 años)
- Niños con TDAH
- Niños con TEA.

Como veremos, no se ha demostrado que la tecnología digital sea útil para niños muy pequeños, e incluso puede ser perjudicial para su lenguaje, cognición y atención. Los niños con TDAH pueden sentirse excesivamente atraídos por los medios, ya que estos recompensan su impulsividad y sus conductas de cambio de tareas, que son, por otra parte, rasgos que tratamos de corregir. Los niños con TDAH son también mucho más propensos a una adicción a internet. Las personas en el espectro del autismo pueden encontrar que la interfaz de la pantalla es menos estresante que la comunicación cara a cara. Como tal, las redes sociales y los mensajes de texto pueden ser una gran ayuda para practicar las habilidades de socialización, pero también implican un riesgo de que estas personas se aíslen todavía más en su mundo virtual en línea.

1. Niños muy pequeños y tiempo de pantalla

Estadísticas sobre el uso

A pesar de que la Academia Americana de Pediatría (AAP 2011a) desaconseja el tiempo de exposición a la pantalla para niños menores de 2 años, el 90% de estos niños dedican algún tiempo a esta actividad. De hecho, un niño menor de 2 años ve televisión un promedio de 1-2 horas por día. Esto no incluye la exposición a 4 horas o más de televisión de «fondo», en las que el adulto tiene el televisor encendido, ya sea prestando atención o no. Aunque el 40% de los padres mire los medios con su hijo, muchas veces se usan las pantallas para darle a los primeros la libertad de realizar otras tareas o actividades (AAP 2011a). Un conjunto más reciente de «puntos de discusión» de la AAP (BROWN *et al.* 2015) parece suavizar el consejo anterior, al enfatizar la necesidad de interacción con los padres en vivo y la necesidad esencial de visualizar conjuntamente, y afirmar que «la exposición óptima a los medios educativos» comienza después de los 2 años.

Puesto que el cerebro humano triplica su tamaño en los dos primeros años de vida, hay muchas razones para preocuparse por la cantidad de tiempo que se pasa ante las pantallas durante este período. Sin embargo, el tiempo no es el único factor que debe tenerse en cuenta al analizar el uso de las pantallas por los niños. También debe prestarse atención al contenido de lo que se está viendo, incluidos los cambios de pantalla rápidos, la edición auditiva rápida y las luces intermitentes. Además, debe contarse con el contexto de la exposición, es decir, cómo lo ve el niño. El contexto incluye considerar si el niño está solo mirando en lugar de formar conexiones lingüísticas y vínculos con la familia y los compañeros. El contexto también incluye la consideración de lo que el niño *no* está haciendo, como el tiempo libre no estructurado y la experiencia con libros. Todo esto tiene que tener en cuenta la idoneidad del material, dadas las etapas del desarrollo cerebral infantil (CHRISTAKIS 2009).

¿Obtienen algún beneficio los niños menores de 2 años del tiempo de pantalla?

No, que nosotros sepamos. Las afirmaciones del valor educativo de actividades de tiempo de pantalla en niños menores de 2 años no se han comprobado, a pesar de los nombres atractivos de los programas y los testimonios. Incluso los estudios de niños de 2 años que ven programas educativos de alta calidad como *Barrio Sésamo* no han encontrado ningún efecto o incluso un efecto negativo. De hecho, un estudio de 1.000 niños menores de 2 años no pudo encontrar ningún beneficio en los DVD para bebés que prometen mejorar el lenguaje, y muchos de los bebés tuvieron realmente un desarrollo del lenguaje temporalmente más pobre (CHRISTAKIS 2009). Estos niños pequeños no tienen el desarrollo cognitivo para comprender y prestar atención a las imágenes de la pantalla. En particular, los niños generalmente no desarrollan la capacidad de seguir una historia secuencialmente de una escena a otra hasta los 12 meses de edad. La mayoría de los niños no prestan atención a la televisión hasta los 18 meses de edad.

Para empeorar la situación, el tiempo de pantalla en una edad temprana quita tiempo al aprendizaje de fuentes de información reales y en vivo. Entre los 12 y 18 meses de edad, es más probable que se aprenda y se retenga el material de una presentación en vivo que cuando se presenta a través de una pantalla. Los bebés claramente aprenden mejor el idioma a través de una persona que habla con ellos que viendo a alguien en la televisión o en otros medios (CHRISTAKIS 2009). Los niños pequeños de entre 12 y 36 meses de edad han demostrado en múltiples estudios que también aprenden de manera más efectiva la imitación y la resolución de problemas cuando observan demostraciones en la vida real que cuando observan exactamente la misma demostración en una pantalla de video. Esto ha sido etiquetado como el «déficit de video». Parece que las personas reales, que están físicamente presentes y prestan atención, son más efectivas para involucrar los centros de aprendizaje de un bebé, especialmente si el bebé ha establecido un vínculo con ellas (STEINER-ADAIR y BARKER 2013). Tal vez esto se deba en parte al importante papel que desempeñan las relaciones interpersonales en el impulso del desarrollo del lenguaje. Mirar un video no es socialización recíproca: el bebé no necesita contestar, y el bebé no puede establecer un vínculo con el video.

¿Y los que tienen entre 3 y 5 años?

Existe un fuerte contraste entre las capacidades cognitivas de los bebés y los niños ligeramente mayores, de entre 3 y 5 años. Con respecto a este último grupo de edad, la investigación ha demostrado que los programas educativos de alta calidad, como *Barrio Sésamo*, etc., ayudan a mejoras en el lenguaje, las habilidades sociales y la preparación escolar, que pueden persistir hasta la adolescencia (GUERNSEY 2012).

¿Interfiere tener encendida la televisión «de fondo» en el desarrollo infantil?

Se ha observado que el 39% de las familias con niños pequeños o bebés tienen la televisión constantemente encendida, período durante el cual los más pequeños pasan en casa más de la mitad del tiempo. Es posible que el niño no pueda prestar plena atención al material para adultos que se está reproduciendo en el televisor, pero los expone a un material que no es el apropiado y, quizá lo más importante, distrae al padre de interactuar con su hijo. Se ha demostrado que la televisión de fondo no solo afecta a la cantidad de interacciones de los padres, sino también a su calidad (GUERNSEY 2012). Dado que el desarrollo del vocabulario de los niños está directamente relacionado con la cantidad de tiempo que los padres pasan hablando con ellos, la televisión de fondo puede inadvertidamente interferir en el desarrollo del lenguaje. De manera similar, el tiempo que un niño pasa en su propio dispositivo digital interfiere en la interacción con un adulto y, por lo tanto, impide la mejor forma de desarrollar el lenguaje.

Un niño expuesto a un uso excesivo de los medios en la familia también tiene menos tiempo para dedicarlo al juego no estructurado, que es fundamental para fomentar la creatividad y las habilidades para resolver problemas. Los niños aprenden a través de la prueba y el error, y mediante la exploración directa de las personas y las cosas que les rodean en un entorno multisensorial. La conexión que un niño siente con sus padres y la participación de los padres en el juego de sus hijos también es esencial. Según la Academia Americana de Pediatría, «no se puede exagerar la importancia de que los padres se sienten a jugar con sus hijos» (AAP 2011a). Ver pasivamente la televisión no puede encajar en la interacción bidireccional entre un bebé y las personas que le importan y que lo cuidan.

Además, las familias con un uso excesivo de medios pasan significativamente menos tiempo leyendo a sus hijos, y los niños pasan menos tiempo leyendo solos. Eliminar las distracciones y leerle a tu hijo fomenta su lenguaje y habilidades de pensamiento. Déjalos acurrucarse en tu regazo y leer, reír e incluso llorar juntos. Trata de evitar leer juntos en una tableta digital, o tal vez te encuentres impartiendo un montón de instrucciones, como «¡No presiones eso!», en lugar de hablar sobre la historia y su significado. Las pantallas táctiles son atractivas para los más pequeños ya que eliminan la necesidad de usar con habilidad un ratón. Ahora bien, puede que esa mayor facilidad de uso no sea buena; la gente real enseña mejor.

En resumen, el uso excesivo de los medios por parte de la familia puede interferir en el desarrollo de un niño al reducir el tiempo de los padres para hablar, leer y jugar con sus hijos, así como reducir también el tiempo de juego y la lectura no estructurados del niño.

¿Cuáles son los efectos a corto plazo de estos problemas de los medios? Varios estudios han relacionado el uso de la televisión con el retraso del lenguaje, especialmente si el niño mira la pantalla solo. De nuevo, se trata de estudios que no pueden separar causa y efecto. ¿Es la televisión la que causa el retraso en el lenguaje o es este retraso el que lleva a que el niño sea puesto frente al televisor con mayor frecuencia por sus padres con la esperanza de que enriquezca el habla retrasada de su hijo? No se puede todavía obtener conclusiones sobre los efectos a largo plazo del uso temprano de los medios con los estudios disponibles, pero se trata de un tema que suscita gran preocupación

¿Perjudico realmente a mi hijo pequeño si le dejo estar ante la pantalla de vez en cuando?

GUERNSEY (2012) resume el tema como sigue: en el mundo real, los padres usan los medios a modo de niñera, y esto es completamente comprensible. Tal vez esta pausa les permite recuperarse y ser así mejores padres. Deben tenerse en cuenta la etapa del desarrollo del niño, el contenido y el contexto de la experiencia de los medios. Teniendo en consideración todos estos factores, no podemos decir que el uso moderado de los medios vaya a causar un daño irreparable a tu pequeño. Basta con que te asegures de que reciba de ti toda la atención, el tiempo, la conversación y el juego necesarios.

2. Niños con TDAH (Trastorno por Déficit de Atención con Hiperactividad) y tiempo de pantalla

Los rasgos del TDAH que hacen tan tentador el recurso a la pantalla

El TDAH se define oficialmente como una combinación de falta de atención/desorganización y/o hiperactividad/impulsividad. Los rasgos actualmente reconocidos del TDAH también incluyen dificultades en la función ejecutiva, como la dificultad para controlar dónde centrar la atención, disminución de la capacidad para inhibir las distracciones, problemas con la previsión y la retrospectiva, y mayor necesidad de retroalimentación inmediata y recompensa.

Los padres me dicen casi unánimemente en mi despacho: «Sé que Juan no puede tener TDAH ... ¡Puede jugar con videojuegos permanentemente!». Sin embargo, el TDAH no significa que no se pueda prestar atención en absoluto. Simplemente significa que no se puede prestar atención a otra cosa que no responda al estímulo más interesante. Con otras palabras, las personas con TDAH no pueden inhibir lo más fascinante para dirigir su atención a lo más importante. Son como polillas que siempre se sienten atraídas por la luz más brillante y permanecen allí hasta que aparezca algo más brillante (más atractivo). (Desafortunadamente, a veces la luz más brillante ¡resulta ser un exterminador eléctrico de insectos!).

Usemos este concepto ampliado de TDAH para ver cómo las personas con TDAH tienen un mayor riesgo de caer víctimas del uso e incluso del abuso de medios o videojuegos:

- Los videojuegos son una luz muy brillante, sin duda mucho más brillante que los deberes de matemáticas o los exámenes de acceso a la universidad que se realizarán en dos años.
- Los videojuegos presentan movimiento y el cerebro humano evolucionó para prestar atención al movimiento en nuestro ambiente.
- Los videojuegos son naturalmente atractivos gracias a nuestro sistema de atención sensorial/de alerta, y no requieren el esfuerzo de atención volitiva forzada de otras ocupaciones menos interesantes.
- Los videojuegos cambian constantemente, encajando con el rasgo de TDAH de actividades que cambian con frecuencia.
- Los videojuegos brindan retroalimentación inmediata.
- Los videojuegos requieren una reacción inmediata.
- Los videojuegos proporcionan frecuentes, pero no totalmente satisfactorias, descargas de dopamina en nuestros centros de placer/recompensa.
- Los videojuegos tienen niveles, y la descarga de dopamina aumenta al progresar.

- Los videojuegos no requieren escribir, algo que con frecuencia supone un problema para quienes sufren TDAH.
- Los videojuegos en línea son actividades sociales en las que las personas con TDAH pueden ser socialmente más aceptadas que en el mundo real.
- Todo lo anterior conduce a un uso excesivo de los medios/videojuegos, que a su vez lleva a un empobrecimiento del funcionamiento en el mundo real, provocando la huida hacia el mundo del juego, donde la persona piensa que logra éxito. El círculo se convierte en una espiral sin control.

El riesgo del TDAH y el uso excesivo de internet/videojuegos

Este uso excesivo de los medios/videojuegos hace que las personas con TDAH tengan un 25% de posibilidades de desarrollar una adicción a internet, un porcentaje que está muy por encima de la población de control. Los estudios muestran que los niños propensos al TDAH en realidad no usan los juegos más frecuentemente o durante más tiempo. Más bien, la dificultad parece ser la incapacidad de que tienen quienes sufren TDAH para controlar el impulso y sus problemas resultantes (WEISS *et al*. 2011). Por supuesto, el TDAH es no es el único trastorno que aumenta el riesgo del uso excesivo de los medios. La depresión, la ansiedad, la fobia social, la hostilidad, la presencia de otras adicciones y, como veremos en breve, también el TEA, aumentan el riesgo (WEISS *et al*. 2011).

Una prueba adicional de la conexión entre el juego y el TDAH procede de un interesante estudio de 62 niños con TDAH y con adicción a internet que nunca habían sido tratados con medicamentos para el TDAH. Curiosamente, un tratamiento de 8 semanas con metilfenidato (el nombre genérico de Ritalin) condujo a la reducción tanto de su puntuación en la escala de TDAH como en la de la adicción a internet y al tiempo que pasan en sus pantallas (WEISS *et al.* 2011).

Claramente, el estudio anterior muestra que el TDAH y la adicción a internet están relacionados. Esa relación es probablemente bidireccional: los síntomas del TDAH hacen que el juego sea más atractivo, y, por el contrario, los juegos exacerban los síntomas del TDAH. Desafortunadamente, el juego refuerza el tipo de comportamientos que quisiéramos eliminar en nuestros niños con TDAH: sus respuestas rápidas e impulsivas, su actuación antes de tener la oportunidad de pensar o usar palabras, su falta de paciencia, su necesidad de recompensa inmediata, su necesidad de estímulos constantemente cambiantes, etc. Peor aún, el tiempo dedicado a los videojuegos les quita tiempo a otras actividades que de otro modo podrían haber ayudado a trabajar en las habilidades necesarias, como el control de los impulsos, el control de la atención volitiva y la relación con los demás. Tales actividades alternativas incluyen deportes organizados, unirse a clubes, escuchar música o dedicar tiempo a las artes.

Aunque los padres piensan a menudo que su hijo con TDAH sobresale en los videojuegos, la investigación muestra que el TDAH sigue siendo un impedimento para el rendimiento en su videojuego. En realidad, no es que el niño con TDAH tenga mejores resultados que sus compañeros en los videojuegos, sino que lo hacen mejor en los videojuegos que en sus otras actividades (WEISS *et al.* 2011). Lo siento.

Por lo tanto, dada la fuerte atracción natural que sienten las personas con TDAH por los aspectos vertiginosos y rápidamente gratificantes de los juegos, junto con el refuerzo que dan los juegos a los rasgos negativos del TDAH, debemos ser extremadamente cuidadosos con la posibilidad de que desarrollen un uso excesivo de internet/juegos. También debemos señalar los riesgos de su comportamiento impulsivo y miope, ya que se relaciona con todos los otros peligros en internet, tales como dar demasiada información personal, *sexting*, pornografía, juegos de azar y compras en línea (incluso comprar cosas para alimentar el uso de videojuegos). Véase el capítulo 4, donde presentamos unas sugerencias para ayudar a prevenir y tratar estos problemas.

3. Niños con TEA (Trastorno del Espectro Autista) y tiempo de pantalla

Los rasgos del TEA que hacen tentador el recurso a la pantalla

El diagnóstico del TEA se basa en dos categorías generales de síntomas. Aquí hacemos una presentación simplificada de los criterios de diagnóstico de la Asociación Americana de Psiquiatría tal como se describen en la quinta edición (2013) del *Manual Diagnóstico y Estadístico de Trastornos Mentales (DSM-5)*:

- *Dificultades con la interacción social recíproca y con la comunicación social*. Pueden desglosarse en tres áreas:

  ○ *Problemas con la reciprocidad social y emocional* (es decir, la capacidad de compartir ideas, emociones y pensamientos con otros y para involucrarlos).

○ *Problemas con las habilidades de comunica-ción no verbal*, tales como el lenguaje corporal, el contacto visual y la comprensión de mensajes ocultos. Estas habilidades son necesarias para la reciprocidad social y emocional.

○ *Problemas para comprender, formar y mantener relaciones*. Estos problemas pueden variar desde una falta relativa de ganas de formar vínculos, la disminución del juego de simulación social y el conocimiento de cómo ajustar el comportamien-to de acuerdo con las cambiantes situaciones sociales.

• *Una restringida gama de intereses o comportamien-tos*. El DSM-5 específica que deben darse al menos dos los síntomas siguientes para incluir a alguien en esta categoría:

○ *Movimientos o comportamientos repetitivos y estereotipados*, como mecerse, agitarse, alinear juguetes, hablar repetitivamente o repetir lo que se acaba de decir.

○ *Necesidad inflexible de uniformidad o rutina.* Por ejemplo, cambiar el orden del almuerzo y del descanso podría desorientar al niño con TEA.

○ *Fascinación inusualmente profunda con objetos o información*, como saber todos los detalles so-bre los aviones de la Segunda Guerra Mundial, o llevar siempre una cuchara.

○ *Aumento o disminución de la sensibilidad a es-tímulos sensoriales*, como el deseo excesivo de chocar contra objetos o mirar girar las ruedas;

o la evitación excesiva de muchos sabores o de ropa ajustada.

(AAP 2013)

Cuando una persona tiene las dificultades anteriores para entender el «gran cuadro» de la comunicación y la socialización, a menudo surgen otros síntomas, como una adherencia rígida a la uniformidad, una preferencia relativa por las cosas mecánicas (que son predecibles) más bien que por las personas, una abstención de compañeros, la ansiedad, y muy frecuentemente el TDAH asociado (KUTSCHER 2014).

¿Estamos empezando a ver por qué los niños con TEA pueden sentirse tan atraídos por los medios y la comunicación digitales?

- En internet tienes la oportunidad de encontrar una multitud de personas semejantes con intereses similares.
- En internet puedes seguir buscando información nueva sobre tus áreas específicas de interés. Internet nunca termina.
- En internet puedes seguir reproduciendo tus actividades favoritas, como mirar el mismo video repetidas veces.
- En internet no hay expresiones faciales ni lenguaje corporal que interpretar. Se trata solo de hacer frente al texto.
- En internet hay mucho tiempo para formular tu respuesta. La velocidad del ritmo trepidante de la comunicación de un compañero de la vida real, que a menudo se produce demasiado rápido para que pueda seguirla la persona con TEA, ya no es un problema.

- En internet tienes la oportunidad de reinventarte, algo que tal vez atrae a las personas con TEA, que pueden haber ganado la reputación de ser «peculiares».
- En internet puedes evitar participar en el mundo real. Esto podría llevar a una falta de práctica de las habilidades sociales que las personas en el espectro de autismo necesitan en la vida real. Y, al contrario, la comunicación a través de los medios digitales puede ser más fácil y, por lo tanto, un modo más atractivo de «tantear el terreno» de la comunicación social.
- La mayoría de los niños con TEA sufren también el TDAH, con todos los factores de riesgo que conlleva para caer en el uso excesivo de internet.

Echemos un vistazo a algunas de las investigaciones sobre el tema. Los estudios han encontrado que el uso de la televisión y del ordenador era más elevados en los adolescentes con TEA, incluso cuando se compara con otros adolescentes que tienen dificultades de habla y de lenguaje o de aprendizaje. En particular, en un día cualquiera, el 78% de los adolescentes con TEA veían la televisión durante aproximadamente 2 horas/día, y el 98% utilizaba los ordenadores durante aproximadamente 5 horas/día. ¿A qué dedicaban el tiempo pasado en el ordenador? Respuesta: abrumadoramente a sitios web (2,5 horas/día) y videojuegos (2,4 horas/día). Aproximadamente la mitad de los adolescentes con TEA dijeron que, en un día determinado, pasaban un promedio de 1 hora/día haciendo la tarea en el ordenador. El uso de programas de redes sociales, de programas de mensajería instantánea y de salas de chat también ocupaba aproximadamente 1 hora/día, pero solo los utilizaban un 20% de los adolescentes con TEA (Kuo *et al.* 2014).

Kuo y sus colegas proporcionaron también la siguiente información:

- ¿Qué veían los adolescentes *con TEA en la televisión?* Apenas sorprende: los dibujos animados fueron el género televisivo más popular, respaldado por el 37% de los adolescentes con TEA. ¿Por qué los dibujos animados? Quizá porque normalmente están dirigidos a un público más joven, con un lenguaje menos burdo y sugestivo, y son más fáciles de entender. El segundo lugar lo ocupan las comedias, con un 15%. Los adolescentes con TEA que veían la televisión con sus padres dijeron que tenían mejores relaciones con ellos. La relación causa/efecto, una vez más, sigue sin estar clara. Sin embargo, esto recuerda la recomendación de la Academia Americana de Pediatría, ya comentada, a saber, que los padres deben ver al mismo tiempo los medios que usan sus hijos. No solo por seguridad, sino porque brinda a los padres el conocimiento de los intereses de sus hijos y proporciona temas concretos para practicar la conversación. Los padres son particularmente importantes para contrarrestar la violencia en la pantalla.

- *¿A qué tipo de videojuegos jugaban?* Los juegos de acción, incluidos los juegos de disparar y matar, encabezaban la lista con un 48%. Se ha demostrado que las personas en el espectro se destacan en tareas de búsqueda visual, tienen una habilidad inusual para notar detalles y tienen la capacidad de detectar pequeños estímulos del entorno más general. Estas habilidades pueden conducir al éxito en los juegos de acción y, por lo tanto, a su atractivo para los niños con TEA. Como hemos visto, los videojuegos violentos se han asociado con tendencias agresivas en los adolescentes normales. Por lo tanto, debemos preocuparnos también por esta posible asociación en los adolescentes con TEA. Los juegos de simulación y los juegos de rol fueron la segunda categoría más popular para estos adolescentes, representando el 10-20% de su consumo.

- ¿Qué tipo de sitios web visitaban? No sorprende que, dado su profundo interés en materiales factuales, la mayoría de los sitios web que visitaron correspondieran a información e investigación, en primer lugar sobre los videojuegos y en segundo lugar sobre «anime» (dibujos animados japoneses). Aquellos adolescentes con TEA más severo tenían más probabilidades de ver programas de noticias que aquellos con un perfil más leve en el espectro, tal vez debido a la naturaleza más directa de los programas de noticias. (O, tal vez, solo estaban imitando lo que veían sus padres). Los adolescentes con TEA que usaron programas de redes sociales y correos electrónicos de amigos informaron que encontraron las relaciones sociales más seguras y positivas que los que no lo hicieron. Es importante destacar que los adolescentes típicos que se comunican a través de la tecnología digital con los miembros de la familia y con amigos de la vida real también desarrollan mejores relaciones sociales que los adolescentes que pasan su tiempo digital con extraños o simples conocidos. Esto parece deberse al mayor apoyo social dado por familiares y amigos reales. Una vez más, sin embargo, no podemos distinguir causa y efecto.

(KUO *et al*. 2014)

¿Cómo se compara todo esto con los hermanos que se desarrollan normalmente? Los investigadores (MACMULLIN, LUNSKY y WEISS 2015, MAZUREK y WEINSTRUP 2013) encontraron que los niños y niñas del espectro autista jugaban con videojuegos durante una hora más al día y tenían un mayor riesgo del uso problemático de videojuegos que sus hermanos normales. Comparados con aquellos que no están en el espectro, los niños con TEA se molestaban más si no jugaban con videojuegos, se enfadaban más cuando se les molestaba y tenían más problemas para detener el juego, a pesar de que jugaban más tiempo que sus compañeros normales. Más horas dedicadas a los videojuegos, junto con el acceso a un ordenador o una televisión en la habitación, se revelaron como factores asociados con la reducción del sueño. Por lo tanto, los niños con TEA con problemas de sueño deben evaluarse con respecto a sus hábitos de uso de los medios como un punto de posible intervención terapéutica.

Aunque las personas con TEA pueden usar las redes sociales menos que las personas normales, parece que, cuando se comunican, prefieren hacerlo a través de ordenadores en lugar de realizar interacciones cara a cara. Una encuesta de 291 personas con TEA y 311 personas sin TEA confirmó que las personas con TEA preferían la interacción mediada por ordenador a la interacción cara a cara, ya que era más fácil de comprender y controlar. Además, les ayudó a expresar su verdadero yo y a conocer a gente similar. Aquellos sin TEA prefieren las redes sociales para mantener relaciones con familiares y amigos, así como para conocer a otras personas (GILLESPIE-LYNCH *et al*. 2014).

Capítulo 4

La función de los padres

En este capítulo pasamos de los capítulos anteriores, que se centraron en los *problemas* asociados con el uso de los medios, a *la prevención y el tratamiento* de esos problemas. En otras palabras, cambiaremos de *por qué* es importante que nuestros hijos tengan un uso equilibrado del tiempo frente a la pantalla, a *cómo* realmente logramos ese equilibrio. Ahora analizaremos la función de los padres como parte del problema y como parte de la solución.

1. ¿Qué tipo de modelo soy para mi hijo?

Nos guste o no, para bien o para mal, somos modelos para nuestros hijos. Esto es especialmente cierto para los más pequeños, para quienes «el centro de atención de los padres –ya sean galletas o pantallas de ordenadores o libros– se convierte en el objeto de deseo de los bebés» (STEINER-ADAIR y BARKER 2013, 72). Incluso en el caso los adolescentes, para quienes las relaciones entre iguales comienzan a tomar el control como impulsores primarios de la conducta, sus vidas se ven afectadas por la forma en que hemos enseñado y modelado un comportamiento apropiado, y cómo seguimos haciéndolo.

Por tanto, tenemos que examinar nuestro propio comportamiento con respecto a la tecnología digital. Tal vez sería útil si nos miramos a nosotros mismos a través de los ojos de nuestros hijos:

- *«Papa dice que necesita estar disponible durante las comidas».* ¿Cogemos el teléfono o comprobamos los mensajes de textos o los correos electrónicos durante la comida con la familia? ¿Decimos que la lectura de ese texto no puede esperar 20 minutos? ¿Cómo esperamos entonces que nuestros hijos guarden sus móviles cuando con nuestro comportamiento les estamos diciendo que no toleramos demorarnos?

- *«De hecho, no importa lo que estemos haciendo juntos, ¡papá se detiene inmediatamente para responder el móvil!».* ¿Interrumpimos las interacciones con nuestros hijos cada vez que recibimos un mensaje de texto, un correo electrónico o una llamada telefónica? ¿Qué enseña a nuestros pequeños el hecho de que dejemos de hablar con ellos para tener una interacción con otro? Cuando alguien más en este planeta de miles de millones de personas tiene una prioridad mayor que nuestro hijo, ¿cómo le afecta al sentido que tiene de su importancia? Tal vez deberíamos tener en cuenta nuestro propio comportamiento cuando nos sentimos ofendidos porque nuestros hijos hacen una pausa con nosotros para leer el último texto recibido.

- *«Mis padres no muestran nunca ningún interés por mis juegos o videos».* ¿Hemos estado tan centrados en nuestras pantallas que nunca hemos sintonizado con lo que interesa a nuestros hijos? Es una pena. Nuestra participación en su mundo digital les permite saber que nos importan las cosas que son importantes para ellos, aun cuando no lo sean para nosotros. Ver juntos algo o jugar con nuestro hijo puede ser divertido, nos da tiempo para estar juntos y nos da la oportunidad de entrar en su mundo. Nos permite enseñarles a examinar sus propios pensamientos y ayudarles a entender por qué resulta tan difícil resistirse a los medios. Además, está claro que los medios educativos son mucho más eficaces cuando un niño los ve con un padre: «Los avances en la tecnología no apuntan a un día en el que los niños pequeños simplemente puedan conectarse y aprender sin nosotros. Al contrario, nosotros, los padres, somos más necesarios que nunca» (GUERNSEY 2012, 276).

- *«Supongo que nunca me detuve a considerar cuánto tiempo pasaban mis padres en sus pantallas».* ¿Cuánto tiempo pasamos los adultos con los medios digitales? Si los padres están constantemente en el ordenador o tienen la televisión encendida, ¿no lo verán sus hijos como la norma del comportamiento humano? ¿De quién más aprenden? ¿Qué otros comportamientos han visto?

- *«Si mis padres tienen constantemente encendido el televisor, ya lo estén viendo o no, ¿por qué no puedo tener mis propias distracciones digitales funcionando constantemente?».* Esta es una pregunta particularmente importante ya que el uso casi constante del televisor en la casa está generalizado. Una encuesta de 1.000 familias que fueron seleccionadas al azar mostró que casi el 40% reconoció tener el televisor encendido la mayor parte del tiempo o todo el tiempo (GUERNSEY 2012). Ya hemos comentado en el capítulo 3 los efectos que tiene en el niño el uso de la televisión de fondo. GUERNSEY (2012) señala que la moderación es la clave. Afortunadamente, unas pocas horas a la semana no son comparables a tener la televisión encendida permanentemente. *Así pues, apaga el televisor cuando finalice el programa que deseabas ver.* Puede ser útil grabar los programas que realmente quieres ver, en lugar de dejar la televisión sintonizada para dejar pasar tiempo mientras esperas algo bueno. Si te crea demasiados problemas grabar tus programas «favoritos», ¿qué dice eso de lo importantes que son para ti? Enseña esta técnica a tus hijos mediante instrucciones explícitas y dando ejemplo.

- *«Desde que tengo memoria, mis padres siempre han puesto un televisor en mi habitación. ¿Esperan AHORA que renuncie al acceso libre a los medios digitales?».* Según una encuesta de 2006, 1 de cada 3 niños de 0 a 6 años tenía un televisor en su habitación. Incluso 1 de cada 5 bebés menores de 1 año tenía un televisor en su habitación. ¿Por qué? Comportamiento de visualización de los padres, de nuevo. La mayoría de las veces, para ver sus propios programas de adultos, los padres respondieron colocando un televisor adicional en la habitación del niño (GUERNSEY 2012).

- *«Mis padres se pondrían furiosos si les dijera lo que estaba haciendo en la red o si estaba teniendo problemas».* ¿Hemos estado demostrando apertura y calma con nuestros hijos? ¿Saben que podemos expresar decepción con algunos de sus comportamientos en internet o en otro contexto, pero que siempre es seguro para ellos confiar en nosotros, y que siempre trataremos de ser parte de la solución, no una parte del problema? ¿Podemos convertir los terribles errores de nuestros hijos en momentos educativos? ¿Están seguros nuestros hijos de que no reaccionaremos con exceso ni nos volveremos demasiado «sentenciadores»? Esta confianza debe ganarse mediante la práctica constante del autocontrol por nuestra parte. Lo mejor es comenzar mientras nuestros niños son pequeños, ya que cuando sean mayores tendrán comportamientos aún más desafiantes o experiencias que probarán cada vez más nuestra capacidad de mantenernos de forma racional. De hecho, acabamos de pasar los primeros capítulos de este libro enumerando las grietas en las que nuestros hijos pueden caer a través de los medios. Las consecuencias de sus acciones (malas calificaciones, humillaciones por parte de sus compañeros, ser castigado, perder privilegios, etc.) hablan por sí mismas. Podemos saltarnos una actitud desagradable. Nuestros hijos deben saber que seguiremos el consejo «*¡Cuidado con lo que dices! ¡No dramatices! Practica, practica, practica*» (STEINER-ADAIR y BARKER 2013, 259).

Puede que no nos guste lo que encontramos cuando examinamos nuestros propios hábitos y comportamientos mediáticos. ¿Estamos dispuestos a limitar nuestro uso de la televisión o del ordenador? ¿Estamos dispuestos a apagar la televisión a excepción de los programas que realmente queremos ver? ¿Nos gusta prestar atención a nuestras deficiencias o a otros problemas? ¿Creemos que sería difícil cambiar? ¿Que no vale la pena el esfuerzo? ¿Que las cosas están bien tal como están? ¿Que estas reglas se aplican a otros, pero no a nosotros? ¿Pensamos «eso nunca nos podría pasar a nosotros o a nuestro hijo»? ¿Creemos que nuestros comportamientos son aceptables porque todos los demás viven de esa manera? Quizás si tenemos en cuenta nuestras propias reacciones a estos problemas, comprenderemos mejor las dificultades que tendrán nuestros hijos para cambiar. Esta empatía nos ayudará a ser pacientes mientras trabajamos con nuestros hijos, y también nos ayudará a entender por qué la mejor solución es modelar y aplicar comportamientos apropiados, comenzando cuando los niños son pequeños.

2. ¿Cómo pongo límites a mi hijo?

Los cerebros de nuestros pequeños están lejos de estar completamente «hervidos». Se requieren varias décadas para que sus funciones ejecutivas (un sofisticado término psicológico para «sabiduría») entren gradualmente en escena. Mientras tanto, necesitamos proporcionar límites externos, al mismo tiempo que les ayudamos a desarrollar su propio autocontrol. Dado que la eliminación completa de la tecnología no es posible ni productiva, nuestros hijos deben aprender a equilibrarla con el resto de sus vidas. Necesitamos establecer límites y expectativas claras para que el niño desarrolle una existencia equilibrada.

Usa la tecnología para limitar la tecnología

Los cronómetros son el mejor amigo de un niño. Sí, sé que hay una aplicación para esto en su teléfono inteligente, pero el uso de la aplicación significa que el niño tiene acceso a la tecnología digital al intentar trabajar: una golosa invitación a la ineficacia. Un cronómetro específico, sin embargo, está libre de distracciones. Intenta crear una actitud positiva hacia él. No debe usarse para castigar, sino, más bien, para anunciar que es hora de pasar a la siguiente actividad. «¿Por qué no pueden simplemente usar su reloj?», puedes preguntar. Porque la mayoría de los niños actualmente no usan reloj, incluso si saben dónde está. Saben la hora –lo has adivinado– por su teléfono inteligente, que debería haber estado alejado durante la tarea.

Prácticamente todas las actividades de pantalla digital tienen calificaciones (síguelas, tu hijo no es una excepción en este sentido) o controles parentales que limitan el contenido y el tiempo. Los controles del usuario con respecto a los límites de edad y las búsquedas seguras se pueden establecer en sitios como YouTube, Netflix y televisores modernos. Úsalos. Encontrarás excelentes consejos sobre control parental en www.commonsensemedia.org, www.familysafemedia.com o en *The Smart Girls Guide to Internet* de V. Blue. Véase la sección de recursos al final de este libro.

Evidentemente, los controles parentales no funcionan cuando nuestros hijos visitan la casa de un compañero o se marchan al colegio. Lo mejor que podemos hacer es modelar y enseñar habilidades cuando aún son pequeños, con la esperanza de que se interioricen y permanezcan en ellos cuando dejan de serlo. Esto implica también ayudar a nuestros hijos a que aprendan habilidades para gestionar el tiempo y cómo ejercer la atención voluntaria para permanecer centrados en una tarea y en un horario.

Ayuda a que el niño desarrolle el control de la atención voluntaria

- *Cuando quieran comenzar el tiempo dedicado a los medios y lo pidan, responde «"Sí, pero después de…" en lugar de decir "No"»* (Palladino 2015, 103). El objetivo es que esta regla llegue a incorporarse en la mente del niño: primero abordaremos nuestras responsabilidades, y después habrá tiempo para divertirse. «Sí, pero después de…» facilita ejercer el autocontrol requerido para aplazar la gratificación. Resalta que *realizará* su actividad favorita, pero que debe aguardar aún un poco. Además, evita que el padre/madre aparezca como el «malo», puesto que lo coloca en el lado del «sí» en la petición.

- *Enséñale a tu hijo a evitar el difícil desafío de pasar de una actividad atractiva a una no atractiva.* Cambiar de un videojuego a una tarea es mucho, mucho más difícil que pasar de la tarea a un videojuego. Lo primero significa superar la atención preferencial y sin esfuerzo del cerebro hacia los estímulos sensoriales. Usando la terminología del capítulo 1, es más fácil para el cerebro pasar *de* tareas que requieren atención voluntaria (las que requieren un gasto consciente de energía para realizarlas) *a* tareas que captan sin esfuerzo nuestra atención sensorial/involuntaria (tareas que son esencialmente atractivas como los videojuegos) que viceversa. Ten en cuenta que si uno se resiste a comenzar la tarea probablemente requiera atención voluntaria. Si se resiste a detenerse, la tarea probablemente requiera la atención involuntaria (Palladino 2015).

- *Si tu hijo tuvo dificultades para detener el videojuego ayer, no te sorprendas si el día de hoy tampoco marcha tan bien.* Si los padres entienden las razones fisiológicas de la dificultad que implica dejar un videojuego y cuentan con ella, podrán poner mejor en práctica sus capacidades para afrontar con calma los momentos de frustración. Esto se debe a que la frustración aparece cuando las expectativas no se cumplen. Si no esperamos que sea fácil sacar a los niños del videojuego, entonces es menos probable que nos sintamos frustrados o que nos tomemos la resistencia como algo personal. Simplemente, nosotros somos los adultos en la habitación, y estamos ayudando al niño a desarrollar el autocontrol. No es nada personal. Tu hijo no está siendo irrespetuoso o malo. Más bien, todos sus intentos de ser racional y ejercer el autocontrol fallan ante un cerebro sobreestimulado e intoxicado con dopamina que está bajo la influencia de una atracción evolutiva hacia los estímulos abrumadoramente gratificante.

- *En todo caso, mantén la calma y orienta a tu hijo para que busque soluciones satisfactorias al problema.* Si tú y/o tu hijo estáis demasiado abrumados para hablar de disculpas y/o de soluciones en ese momento, todo el mundo debería tomarse un descanso. Permite que las ideas claras vuelvan antes de intentar cualquier interacción adicional. La dopamina liberada por demasiado estrés reduce la capacidad del cerebro para pensar lógicamente. En el mejor de los casos, tu hijo puede llegar a aprender a reconocer que está demasiado estresado y ser capaz de pedir un tiempo breve de relajación (¿10-15 minutos?). Cuando ya no esté estresado, enséñale a tu hijo (y a ti mismo) cómo negociar con calma una solución de beneficio mutuo para todos, antes de que vuelva a ocurrir de forma predecible. Véanse *The Explosive Child* o *Educar para ser personas* de Ross Greene para más detalles sobre este valioso enfoque.

- *Una posible solución satisfactoria para todos a las dificultades para abandonar las pantallas consiste en comentar de antemano actividades alternativas que el niño puede hacer*. Enséñale el principio: si queremos evitar una actividad debemos tener alternativas disponibles. Durante un momento de tranquilidad pídele que piense en la pregunta «¿Qué *no* estoy haciendo?» (PALLADINO 2015, 100). Haced conjuntamente una lluvia de ideas para pensar en actividades que no estén relacionadas con los medios y con las que se disfrutaría el niño. Juega fuera de casa. Haz deporte. Toca un instrumento. Pinta. Escribe un poema. Hazte voluntario. Únete a un club…
- *Enseña a tu hijo que su evasión en el mundo de los medios proporciona un placer temporal, pero no resuelve ningún problema del mundo real*. De hecho, un tiempo excesivo puede exacerbar sus problemas de la vida real, conduciendo incluso a un círculo de adicción. Sobre la espiral de la adicción a internet, véase el capítulo 6.

Explicita por adelantado las normas del horario

Podemos paliar las dificultades que surgen al limitar la cantidad del tiempo pasada con las pantallas estableciendo unas reglas explícitas por adelantado, antes de que se necesiten. Estas reglas proporcionan al principio un andamiaje exterior para ayudar a que el niño compense su relativa falta de autocontrol; pero esperamos que con la práctica y el desarrollo cerebral se transformen en métodos interiorizados para controlar el comportamiento. Pueden establecerse durante una reunión familiar y documentarse mediante un acuerdo, como describimos en el capítulo 5. Veamos unos ejemplos:

- *Evita «hacer varias cosas a la vez»*. Algunas de las mayores áreas de disputa giran en torno al uso de los medios mientras se intentan hacer los deberes. Explica que «hacer varias cosas a la vez» es simplemente una «conmutación múltiple» ineficaz, que en realidad hace que la tarea tarde más tiempo ya que la persona necesita reorientarse después de cada interrupción (véase el capítulo 1). Por lo tanto, la unidad familiar puede acordar una de las siguientes formas alternativas posibles de dividir el tiempo. (Recuerda, la elección de una de estas alternativas está determinada por lo que funciona para el niño, no necesariamente lo que funcionaría para el padre. Tu hijo no es solo un mini-tú).

  ○ Haz todos los deberes, después dedica tiempo a tus redes sociales, y, finalmente, lee o escribe los correos electrónicos.
  ○ Trabaja durante 50 minutos, y, después, haz un descanso de 10 minutos dedicados a los dispositivos electrónicos.
  ○ Trabaja durante 10-15 minutos, y, después, haz un descanso de 1-2 minutos.

- *Establece las reglas de tiempo y ubicación*. En el acuerdo que propondremos que negocies con tu hijo, veremos que se deben incluir también los siguientes asuntos:

  ○ Cantidad total de tiempo de pantalla permitido por noche durante la semana y por noche durante el fin de semana. La Academia Americana de Pediatría (AAP 2013) ha sugerido previamente 1-2 horas cada noche para usar los dispositivos electrónicos sin relación con actividades escolares o laborales.

○ Cantidad de tiempo, si es que lo hay, permitido para utilizar dispositivos electrónicos antes de comenzar los deberes.

○ Ubicación del móvil durante los deberes, las comidas y la noche. La Academia Americana de Pediatría (AAP 2013) sugiere también mantener el televisor y los dispositivos con internet fuera del dormitorio de los niños. Si tu hijo te dice que no puede dejar su móvil en un lugar central, como la cocina, por la noche, porque lo necesita en su habitación para despertarse, dale un despertador.

○ Desconexión de todas las alertas del móvil y del ordenador durante el tiempo libre de distracciones.

○ Uso fuera de casa, por ejemplo, mientras se va como un pasajero en un coche, o mientras estás en salas de espera, restaurantes, etc. Permitir el uso durante estos momentos hace más fácil la vida –y ciertamente más tranquila–, pero dificulta ejercer el control posteriormente, contribuye a la falta de un tiempo de inactividad necesario e interfiere en los momentos en los que muchos jóvenes se abren a cuestiones importantes. Durante los momentos de tranquilidad es cuando podemos oír desde el asiento trasero: «Mamá, ¿has fumado alguna vez marihuana?». BURLEY HOFMANN (2014) sugiere dejar en casa los dispositivos electrónicos. De este modo no surgen disputas sobre su uso. Sencillamente, están ausentes.

○ Uso de música mientras haces las tareas. Algunas personas afirman que resulta realmente útil para aprender, lo hace más divertido, y, quizá, funciona como un ruido blanco que filtra los sonidos del hogar.

- Tiempo de pantalla antes de dormir. Si se tiene problemas con el sueño, no debe verse ninguna pantalla durante 1 hora antes de irse a la cama.
- Reglas para la escuela. Durante la clase evítese jugar/navegar/comunicarse con dispositivos electrónicos. Los padres y los maestros tienen que saber que esta actividad está *muy extendida* e interfiere en el aprendizaje. Los colegios que la permiten deben comprender esta realidad. Aun cuando esté apagado el acceso a internet o esté limitado por el rúter del colegio, el alumno tiene su propia conexión a la red con el teléfono inteligente y se ha cargado juegos que funcionan sin necesidad de conectarse. El único modo para detectarlo consistiría en que el profesor pudiera hacer un disparo de pantalla de cada estudiante desde el frente de la sala. No sólo habría que crear un sistema así, sino que tendría que usare. Confía en los alumnos, pero comprueba su situación.
- ¡No debe usarse el móvil mientras se conduce!
- Consecuencias por el incumplimiento. Determina cuáles serán las consecuencias por romper las reglas establecidas previamente. Aplica estas consecuencias sin una actitud negativa, que no hace más que engendrar más resentimiento.

Puede que necesites contratar a un técnico de organización para ayudar a organizar la vida del niño en general. O bien puedes comenzar con el libro *Cómo organizar al niño desorganizado* (KUTSCHER y MORAN 2011), que incluye también el tratamiento de las habilidades para la lectura, la escritura y el estudio. Si no puedes llegar pacíficamente a un acuerdo familiar, o si la dinámica familiar está fuera de control, es posible que necesites la ayuda de un terapeuta.

Todos los cerdos son creados iguales, pero algunos cerdos están preparados para ser más iguales que otros

Esta expresión comúnmente utilizada se puede adaptar aquí con los términos siguientes: «Todos los cerdos son creados iguales, pero algunos cerdos se han ganado y están preparados para ser más iguales que otros». Todos los miembros de la familia deben entender que deben adherirse por igual a las filosofías básicas como la amabilidad y el respeto en internet y en la vida real. Esto también incluye no usar internet hasta el punto de que llegue a causar problemas en la vida, y no involucrarse en actividades que no están preparados para manejar. En este sentido, todos los cerdos son creados iguales.

Sin embargo, algunos cerdos se han vuelto más iguales que otros. Es decir, las mismas reglas no siempre se aplican a todos por igual en todo momento. Los adultos pueden estar equipados para ver películas con contenido sexual, pero no así los preadolescentes. Los niños pequeños pueden no estar preparados para tener un móvil propio. Los adolescentes que han demostrado que se desconectan de internet de manera fiable pueden haber ganado más libertad de acción en su uso. De hecho, cada miembro de la familia tiene su propia etapa de desarrollo e historia personal. Hay justicia cuando se satisfacen las necesidades (incluida la de seguridad) y las responsabilidades de cada persona, no necesariamente cuando todos los miembros de la familia reciben un trato idéntico.

Los padres deben recordar que todavía son modelos y asegurarse de que las excepciones que se guardan para ellos mismos –como dejar el televisor encendido toda la noche o recibir llamadas telefónicas durante la cena– no son realmente un buen ejemplo. Queremos ser parte de la solución como buenos modelos a seguir, no parte del problema.

Otra responsabilidad del adulto: enseñar a evaluar la información de la red

Pensamos que nuestros hijos son tan hábiles con la tecnología que automáticamente saben cómo evaluarla críticamente. Pero no es necesariamente verdad. Un estudio realizado entre más 100 estudiantes de grado reveló que ninguno de ellos había verificado las acreditaciones de los autores de un sitio web (THOMPSON 2014). En otro estudio, más de 1 de cada 3 jóvenes universitarios no sabía que los motores de búsqueda pueden incluir vínculos pagados (THOMPSON 2014). Los puestos de clasificación de los sitios web están sometidos a menudo a todo tipo de manipulación, y los primeros puestos no constituyen una acreditación segura. Cualquiera, por cualquier motivo, puede publicar lo que quiera en la red, sin ser examinado por un editor, sin ser revisado por pares, por un profesor o un bibliotecario. La búsqueda en la red no se detiene en Wikipedia; de hecho, no todo lo publicado en Wikipedia es correcto. Algunas escuelas están empezando a enseñar la necesidad de evaluar críticamente las fuentes de los trabajos. Hasta que esto no se produzca de manera fiable, nos corresponde a nosotros enseñar a nuestros hijos. No estaría de más que nos aplicáramos estas capacidades críticas.

Las siguientes técnicas para la evaluación de los sitios web son una adaptación de las instrucciones de la Biblioteca de la Universidad de Illinois:

- ¿Quién o qué te ha remitido al sitio?

  - ¿Te lo ha referido un profesor o bien otra fuente académica? Por ejemplo, ¿fue citado por, o estaba vinculado con, otro sitio fiable o con la base de datos de una biblioteca? Estas fuentes pueden ser más fiables que la simple búsqueda en Google.
  - ¿Quién establece un enlace con el sitio? Escribe «link: [insertar URL comenzando con www]» en la barra de búsqueda de varios motores de búsqueda. Es posible que debas abreviar la URL si no obtienes resultados.
  - ¡Pregunta a un bibliotecario! Están ahí para ayudarte a encontrar eficazmente una información rigurosa.

- ¿Quién escribió la información?

  - ¿Cuáles son las acreditaciones del autor? ¿Están incluidas? ¿Hay información para contactar?
  - ¿Está asociado el autor a una organización reconocida? (Ten en cuenta que muchos sitios usan títulos que suenan más oficiales de lo que realmente son).
  - Haz una búsqueda sobre el autor y/o la organización que lo patrocina.

- ¿Cuál es la finalidad del sitio?

  - ¿Qué te dice el nombre del dominio sobre la finalidad del sitio?
    - .com es simplemente un sitio personal, comercial o de negocios.
    - .edu remite a institutos de enseñanza superior.

- - .org remite a grupos de activistas como las ONGs
  - .gov es utilizado por el gobierno federal.
  - ○ ¿Intenta venderte algo? Mira los anuncios asociados.
  - ○ ¿Es objetivo o tendencioso?

- ¿Es rigurosa la información?
  - ○ ¿Se proporcionan fuentes? ¿Tiene bibliografía?
  - ○ ¿Qué relación tiene esa información con lo que has encontrado en otras fuentes?
  - ○ ¿Está actualizada la información? ¿Cuándo fue la última vez que se actualizó? ¿Son funcionales y actuales los enlaces que contiene?

(Biblioteca de la Universidad de Illinois 2016)

Es suficiente para empezar. Es una práctica buena para desarrollar nuestras capacidades de pensamiento crítico, y deberíamos aplicarla a toda la información que nos llega.

La siguiente función parental consiste en establecer realmente las reglas para afrontar el uso de la tecnología. Implica una reunión familiar y el acuerdo posterior, que son el objeto del capítulo 5.

Capítulo 5

Establecer las reglas: la reunión de la familia y el acuerdo

Nos ocupamos ahora del meollo de la cuestión, es decir, del establecimiento de las reglas relativas a los privilegios y los límites del uso de la tecnología digital, para abordar así todas las cuestiones que hemos estado comentando. Este paso implica reunirse con los hijos y llegar a la firma de un acuerdo –que se mantendrá hasta que (a) deje de ser eficaz, (b) requiera cambios por el desarrollo o el comportamiento del niño, o (c) aparezca nueva tecnología–. Por tanto, aunque algunos principios se mantienen constantes, perseguimos objetivos en movimiento y tendremos que controlar constantemente la necesidad de cambiar.

1. La reunión familiar

¿Cómo sabemos lo que hacen nuestros hijos? ¿Cómo saben lo que queremos que hagan? ¿Cómo llegamos a un acuerdo? BURLEY HOFMANN (2014) sugiere que hagamos nuestro trabajo preliminar y después hablemos. Aunque hablo de un encuentro familiar, quizá sea mejor tratar las partes negociables individualmente con cada hijo.

Reflexiones previas a la reunión

- Identifica lo que te preocupa
  - ¿Qué va mal o podría ir mal con cada hijo?
  - ¿Te preocupa el contenido que consumen? ¿La cantidad de tiempo que pasan en línea? ¿La privacidad? ¿La pérdida de la «vida real»?
  - ¿Te preocupan los efectos psicológicos y en el aprendizaje, los efectos neurológicos o los efectos físicos?
  - ¿Te preocupa no saber lo que no sabes?

- Evalúa la fuerza y la debilidad de cada uno de tus hijos.
  - Indaga en los trastornos asociados como TDAH, TEA, trastornos del aprendizaje, ansiedad, etc.

- Llega a un consenso con otros adultos que son también responsables de tu hijo.

- La reunión familiar es un tiempo para mejorar la cohesión de la familia.
  - No te indignes nunca.
  - Permanece tranquilo.
  - Es un momento para llegar a un acuerdo, no un foro para imponer medidas disciplinarias.

- Expón el orden de la reunión:
  - Ayudar a cada uno a elegir y utilizar la tecnología con cuidado.

- ○ Programar por adelantado las franjas horarias, las asignaciones totales de tiempo de pantalla por día y la elección de los medios a utilizar.
- ○ Fijar el lugar permitido para usar las pantallas en diferentes momentos del día y de la noche.
- ○ Hacer un listado de actividades alternativas al uso de los medios.
- ○ Tratar con equidad los problemas de todos.
- ○ Desarrollar las consecuencias en caso de incumplimiento. El objetivo es que los miembros de la familia asuman la responsabilidad de sus errores y aprendan de ellos. Asegúrate de que las consecuencias sean justas y de que tienes la voluntad de llevarlas a cabo.
- ○ Buscar una solución para que todos sientan que se satisfacen sus necesidades.
- ○ Hablar de los cambios que necesitan hacerse.

- • Refuerza el coloquio con datos y recomendaciones independientes. Este libro está lleno de estudios y de opiniones de expertos que fundamentan el coloquio en los hechos, no en los sentimientos personales.

2. Un modelo de acuerdo

Los capítulos anteriores, junto con las soluciones prácticas y las sugerencias que acabamos de mencionar, te han preparado para la reunión familiar. Deja que el siguiente acuerdo modelo sirva como tu guía para la reunión y como un registro de vuestro acuerdo. Ten en cuenta que algunos puntos no son negociables, mientras que otros pueden abordarse con una actitud que beneficie a todos. Es posible que tengas que negociar y firmar acuerdos por separado con cada hijo.

Agradecemos a Burley Hofmann (2014) su maravilloso ejemplo de contrato, en el que se inspira el siguiente con modificaciones significativas.

Una versión imprimible de este modelo de acuerdo está disponible en www.jkp.com/catalogue/book/9781785927126.

¡Buena suerte!

Acuerdo sobre el tiempo de pantalla

Por favor, recuerda que todos los dispositivos electrónicos que usamos son de nuestra propiedad, y que el privilegio de usarlos depende del cumplimiento de las siguientes reglas. Los privilegios se obtienen mediante un comportamiento honesto, confiable y responsable.

Reglas no negociables

- Tú eres una buena persona, y esta realidad no la cambia el hecho de usar un dispositivo electrónico. Por tanto, trata a los demás en internet como te gustaría ser tratado. No es espacio para la crueldad ni para el acoso.

- Eres sencillamente maravilloso tal y como eres. Por tanto, no te reinventes en las redes sociales. No tienes tiempo para mantener una personalidad diferente en la vida real y en la red.

- No publiques ningún texto o imagen que no mostrarías a tu abuela.

- Recuerda que no existe la privacidad o la capacidad de eliminar algo una vez que presionas la tecla «enviar». ¿Has oído hablar de capturas de pantalla y teclas de avance? Una vez que está en el ciberespacio, está ahí para siempre, prueba incontestable de tus acciones, para que todos tus colegas y futuros empleadores lo puedan ver y transmitir.

- No vivas tu vida por teléfono. No necesitas documentar toda su vida con fotos. Las conversaciones importantes deben tener lugar cara a cara.

- En caso de que no seamos lo suficientemente valientes para mencionar temas como el sexo y las drogas, queremos que tú los plantees. Estamos en contra de la pornografía: es una fantasía que tergiversa y degrada las relaciones cariñosas y compasivas. No queremos que obtengas tu información sobre estos temas importantes de ningún estúpido con la capacidad de cargarla en internet.

- Busca el consejo de un adulto si es necesario. Prometemos, o al menos prometemos intentar, mantener la calma y ayudarte.

- Nosotros tendremos TODOS tus nombres de usuario y las contraseñas de TODAS tus cuentas. Nos reservamos el derecho a instalar controles parentales y bloqueadores de sitios, y debemos aprobar todas las descargas y compras ANTES de acceder a ellas.

- No escribiremos mensajes de textos o usaremos el móvil mientras conducimos. Apaguemos el teléfono. Puede esperar. Está en juego la vida de las personas.

- Hay que obedecer las normas del colegio sobre los teléfonos inteligentes y cualquier otra tecnología.

Privilegios negociables (tiempos y lugares de uso)

- Apagar el móvil durante las comidas familiares: sí/no.

- Usar dispositivos electrónicos antes de ponerse a hacer los deberes: sí/no. Si se acepta, ¿durante cuánto tiempo? _____ minutos.

- Todos los ordenadores y dispositivos con conexiones a internet deben usarse en un solo lugar: sí/no.

- La «multitarea» [hacer varias cosas a la vez] contribuye realmente a que tardes más en hacer los deberes, puesto que tienes que volver a concentrarte después de cada interrupción. Para resolver este problema, tendrás que (marca una de las casillas siguientes):

☐ Dividir el día en franjas de tiempo para hacer primero todas las tareas, después para dedicarte a las redes sociales, y, finalmente, para leer o escribir correos electrónicos.

☐ Por cada cincuenta minutos de trabajo hacer una pausa de 10 minutos dedicada a los medios.

☐ Hacer una pausa de 1-2 minutos después de 10-15 minutos de trabajo,

☐ Otro: _____

- Mientras haces los deberes, mantendrás tu móvil en una ubicación central: sí/no.

- Mientras haces los deberes, apagarás todas las notificaciones entrantes: sí/no.

- Durante el tiempo dedicado a la tarea, puedes escuchar música (el uso de una radio evita las tentaciones de usar un teléfono inteligente): sí/no.

- Máximo de tiempo al día para estar ante la pantalla sin hacer una actividad escolar:

_____

Modificaciones (si es el caso) durante fines de semana/vacaciones:

_____

- Hora de dejar los dispositivos electrónicos durante las noches entre semana:

____; otro _____

Modificaciones (si es el caso) durante fines de semana/vacaciones:

_____

- A la hora de dormir, el móvil (marca una de las siguientes casillas):

  ☐ Se mantendrá en el dormitorio.

  ☐ Se colocará en un lugar central durante toda la noche.

- Se permitirá sacar de la casa los dispositivos electrónicos: sí/no. Si la respuesta es sí, ¿dónde?

- Si mi móvil se rompe o se pierde:

  _____

- Otros asuntos:

  _____

Este acuerdo es válido hasta que nos pongamos mutuamente de acuerdo en hacer cambios.

_____ Fecha_____

(Persona a la que se le permite el acceso a la tecnología)

_____ Fecha_____

(Persona[s] propietaria[s] de la tecnología)

Capítulo 6

Adicción a internet: el punto extremo de los problemas de internet (con Natalie Rosin)

1. Los problemas de internet abarcan toda una gama de gravedad

Los problemas relacionados con el tiempo de pantalla se despliegan a lo largo de un espectro de gravedad. En el extremo más leve están los problemas que percibimos entre los niños/adolescentes que funcionan bien, como enviar mensajes de texto varias veces en una hora o ignorar a amigos y familiares en reuniones para comunicarse en otro lugar usando su teléfono inteligente. Luego, están los niños cuyas actividades de tiempo de pantalla provocan una discordia familiar moderada y un trabajo ineficiente, pero que aún pueden obtener buenas calificaciones y participar en otras actividades, como los deportes. En el extremo más severo, hay quienes sufren lo que se puede llamar una verdadera adicción a internet: la incapacidad de controlar el comportamiento digital/de internet a pesar de los importantes problemas resultantes, como la bajada de notas, la retirada de amigos y de actividades, o una agitación familiar significativa. Estos niños/adolescentes pueden reaccionar dando voces cuando un padre trata de limitar su acceso al tiempo de pantalla.

¿Qué distingue, pues, el entusiasmo por una actividad de una verdadera adicción? La respuesta más sencilla es que el entusiasmo sano mejora la vida, mientras que una adicción la perjudica. No se trata tanto de dedicar mucho tiempo a un comportamiento determinado. Más bien, se trata de (a) que el individuo es incapaz de controlar su comportamiento, y (b) de que se mantiene esta situación pese a sus consecuencias negativas. Dicho de otro modo, ¿provoca el comportamiento problemas que escapan al control de la persona (ROSENBERG y FEDER)?

2. ¿Qué es una adicción?

Así pues, existen dos criterios que resaltan con más frecuencia:

1. una incapacidad para controlar el propio comportamiento, a pesar de…
2. los importantes problemas resultantes.

Algunos autores los amplían a cuatro:

1. *Uso excesivo* con pérdida de la sensación del tiempo o descuido de los instintos básicos.
2. *Abstinencia* cuando se prueba a detenerlo. Los síntomas podrían incluir la ira, la tensión o la depresión.
3. *Tolerancia*, que denota la necesidad de tener cada vez más para lograr el mismo resultado. Las personas con adicción a internet necesitan constantemente más tiempo, mejores programas y mejores dispositivos.

4. *Repercusiones negativas* como disputas, mentiras, aislamiento social, pobre rendimiento o fatiga.

(Young 2011)

Algunos autores amplían estos aún más a nueve criterios posibles. Los criterios diagnósticos para los trastornos aceptados son publicados por la Asociación Americana de Psiquiatría en el DSM-5 (APA 2013). En el momento de la publicación del DSM-5 no había suficientes investigaciones de alta calidad para declarar que la «adicción a internet» era un trastorno real por derecho propio. Sin embargo, otro trastorno estrechamente relacionado conocido como «*Internet Gaming Disorder* [Trastorno de Juego en Internet]» se incluyó en una especie de estado de limbo entre un grupo de trastornos que se estudiarán más a fondo para una posible inclusión futura en el conjunto de trastornos oficialmente aceptados. Por lo tanto, se ha propuesto un conjunto de criterios preliminares para el Trastorno de Juego en Internet. Si sustituimos la palabra *internet* por las palabras *juego en internet*, los criterios propuestos, cuando se simplifican, requerirían cumplir con cinco de los siguientes nueve rasgos en el último año:

1. Preocupación con las actividades en internet, es decir, pensar constantemente en regresar a internet, que se ha convertido en la actividad predominante en tu vida.
2. Síntomas de abstinencia cuando se intenta detenerla.
3. Tolerancia (la continua necesidad de invertir más tiempo).
4. Los intentos por detenerla no tienen éxito.
5. Pérdida de interés por las actividades placenteras de antes.

6. Uso continuado pese a ser consciente de que está causando problemas.
7. Ocultar o mentir sobre el tiempo dedicado a internet.
8. Usar internet para escapar de problemas, incluidas la depresión y la ansiedad.
9. El uso ha causado o ha perjudicado gravemente a algo importante, como una relación o el trabajo.

Este conjunto de criterios espera aún una validación «oficial», pero nos ayuda a comprender los tipos de dificultades asociados con una adicción a internet. Se admite que el *tiempo* dedicado a los medios no es en sí mismo un criterio diagnóstico de una adicción, aunque algunos han sugerido que un uso de entre 6 y 13 horas diarias para actividades no relacionadas con la escuela o con el trabajo es ciertamente muy preocupante.

Nótese que tampoco se han fijado aún el nombre del trastorno. Especialistas e investigadores han acuñado nombres como:

- Adicción a internet
- Adicción al juego en internet
- Trastorno por el uso de internet
- iTrastorno (*iDisorder*, acuñado por Rosen 2012)
- Uso problemático de internet
- Tiempo de pantalla problemático.

Ningún nombre puede ser lo suficientemente general (para cubrir *todos* los temas problemáticos) *y* lo suficientemente específico (para cubrir *solo* esos temas) como para ser discutido. Por ejemplo, muchos textos se refieren a la «adicción a internet», pero no limitan su tema únicamente a las actividades en línea en internet, sino que también incluyen juegos fuera de línea. Además, los textos pueden estar refiriéndose a problemas menos severos que una adicción plena. Nosotros preferimos el nombre «tiempo de pantalla problemático», que enfatiza que la tecnología digital es el problema, ya sea que se proporcione o no a través de internet. *Internet Addiction Test* (YOUNG 2016) es una prueba validada de 20 preguntas que mide en qué lugar se sitúa un adulto a lo largo del espectro de la adicción a internet, desde ninguna a leve, moderada o grave. La prueba está disponible en http://netaddiction.com/internet-addiction-test.

También ayuda a clarificar nuestro pensamiento desglosar el término «adicción a internet» en dos tipos:

- *Adicciones específicas*: aquellas que el usuario habría encontrado de otro modo de no tener acceso a internet. Estas adicciones ya existían mucho antes de que naciera internet. Entre ellas se incluye:
  - el juego
  - el juego de apuestas
  - la pornografía.

  Aunque internet ha facilitado el acceso, no ha inventado estos tipos de adicción, no tiene el monopolio sobre ellos.
- *Adicciones generales*: se tiene adicción al proceso de navegar por la red por sí mismo, más bien que a contenidos específicos.

3. ¿Cómo se convierte alguien en un adicto?

La base psicológica de la adicción

¿Cómo comienza la espiral de la adicción? Puede comenzar con la búsqueda del disfrute («¡Este juego es divertido!») o buscando un escape («Este juego aparta la mente de mis notas»). En cualquier caso, el tiempo de pantalla conduce a una experiencia placentera mediada por el neurotransmisor dopamina. La búsqueda del uso repetido se ve impulsada por los procesos fisiológicos de tolerancia (la necesidad de estímulos cada vez más fuertes para producir el mismo efecto) y del síndrome de abstinencia (la incomodidad derivada del intento de abstinencia). Esta búsqueda constante de estímulos conduce a más problemas en la vida. El círculo se repite una y otra vez en una espiral de caída en picado en la adicción con consecuencias negativas que va más allá de la capacidad de control de la persona. Desafortunadamente, muchas personas con TDAH ya son propensas a la necesidad de estímulos rápidos e inmediatos, lo que ayuda a explicar su mayor riesgo con respecto a todo tipo de adicciones.

La base biológica de la adicción

Siéntete libre de saltar esta sección y sus términos técnicos médicos, si quieres. Todo lo que realmente queremos que veas es que la adicción es una condición física que tiene una base neurológica para que la víctima caiga en espiral por un agujero negro fisiológico cada vez más profundo. Una adicción es biológica y frecuentemente genética. Por lo tanto, los adictos, en general, necesitan más apoyo que decirles simplemente: «¡Pon en orden tu vida!».

La biología comienza con una actividad gratificante como navegar en la red o jugar con videojuegos. Esta actividad gratificante activa las neuronas de dopamina en el área tegmental ventral del cerebro, que luego activan el núcleo accumbens, que es el centro de placer/recompensa del cerebro. Esto crea la sensación en el cerebro de «estar colocado». Además, la exposición repetida a los sustratos del abuso activa las proyecciones glutaminérgicas a la corteza prefrontal. Esto cada vez más forja caminos neurológicos reales que conducen a los anhelos continuos, implacables y profundos de una persona. Estas vías neurológicas persisten mucho después de que los centros de la función ejecutiva del cerebro hubieran visto que los costes del comportamiento superan los beneficios (ROSENBERG y FEDER 2014).

Múltiples estudios de resonancia magnética han demostrado diferencias entre los cerebros de los adictos a internet y los no adictos (YOUNG 2015). Un estudio encontró diferencias de la materia gris y de la materia blanca en áreas del cerebro consideradas responsables de la regulación emocional y la inhibición del comportamiento (LIN *et al*. 2014). Una vez más, no está claro si estos cambios son la causa o el resultado de los comportamientos con internet, pero, en cualquier caso, dan fe de los fundamentos biológicos de la adicción.

4. Extensión y frecuencia de la adicción a internet

Las estimaciones de la prevalencia de la adicción a internet varían ampliamente, pues dependen de los criterios usados y de los países estudiados, pero los siguientes porcentajes parecen ser estimaciones razonables (YOUNG 2011).

- Adolescentes: 4,6–4,7%
- Estudiantes universitarios: 13–18,4%
- Población general: 6–15%
- TADH: hasta el 25%

(WEISS *et al*. 2011)

Son muchas las personas afectadas, y eso que las cifras recogen solamente el extremo más grave del espectro problemático: la adicción a internet. Nótese que los estudiantes universitarios y las personas con TADH tienen unos porcentajes mucho más elevados que otros grupos de población.

5. ¿Por qué son tan adictivos los medios digitales?

Son muy numerosos los factores que contribuyen a la naturaleza adictiva de los medios digitales.

Acceso fácil

- A menos que se establezcan límites, la tecnología digital está disponible (tanto en conexión como sin conexión) las 24 horas de cada día de la semana y los 365 días del año.
- A los padres les resulta cómodo instalar un televisor en el cuarto del hijo.
- Incluso los padres que nunca pensarían en poner un televisor en el cuarto de los hijos permiten, en cambio, que haya un ordenador para hacer la tarea, con el consiguiente acceso a las actividades en línea y fuera de línea.
- Los teléfonos inteligentes (que realmente son miniordenadores) son tan pequeños que pueden llevarse a cualquier lugar.
- Los teléfonos inteligentes son tan grandes que no caben en los bolsillos, y por eso se llevan en la mano, con el resultado de su visibilidad que tienta permanentemente.
- Los teléfonos inteligentes son tan útiles y están tan omnipresentes que muchos jóvenes los encuentran «invisibles», y, por tanto, no son conscientes de su nivel de dependencia.

- Los teléfonos inteligentes permiten un acceso directo y silencioso. No hay necesidad de preocuparse de que los padres de un compañero le pregunten por qué suena el teléfono a media noche.
- Los teléfonos inteligentes permiten –y así parecen exigir– un acceso constante entre amigos y compañeros de trabajo.
- Los servicios «a la carta» permiten el acceso fácil a un material en cualquier momento. Anteriormente, la televisión espaciaba los programas a un episodio por semana. No se necesitaba el autocontrol. Ahora, la visión ilimitada o «a atracones» es posible mediante la tecnología «a la carta», como Netflix, Hulu, YouTube, etc.

La tecnología digital es fascinante

- Las máquinas, los programas y las aplicaciones son sencillamente maravillosos, prodigios tecnológicos.
- Internet no tiene fin. No hay ninguna página web que diga «Has llegado al fin de internet».
- Los juegos son a menudo interminables.
- Tiene algo para cada uno.
- La experiencia multimedia involucra a muchos sentidos, incluida la atracción natural de nuestro cerebro hacia las imágenes en movimiento.

La tecnología digital satisface las necesidades psicológicas, especialmente las de los adolescentes

STEINER-ADAIR y BARKER (2013) señalan lo siguiente:

- La tecnología se ajusta a las necesidades que tienen los adolescentes de afirmar su independencia, puesto que, habitualmente, se realiza en su mayor parte sin la supervisión de un adulto.

- La tecnología permite la creación de «identidades maleables». Las personas pueden reinventarse en la red.
- La tecnología permite la expresión rápida de impulsos sexuales (pero no fomenta el conocimiento íntimo y el cuidado de los demás propio de la vida real, ni se beneficia de la supervisión de los padres).
- La tecnología permite que el «drama adolescente» se desarrolle en todo momento.
- La tecnología permite un escape rápido de los problemas o un rápido estallido de entretenimiento, factores principales para entrar en la espiral de la adicción.

6. ¿Qué actividades de internet son particularmente adictivas?

No todas las actividades en internet son igual de adictivas. Por ejemplo:

- Comunicarse con familiares y amigos reales (en oposición a los virtuales) no conduce por lo general a la adicción.
- Navegar por la red para buscar información tiende a ser menos adictivo que otras actividades en línea.
- Las actividades interactivas que se hacen en tiempo real (salas de chat y juegos interactivos) pueden ser más problemáticas que las actividades (como el correo electrónico) que no requieren una interacción instantánea en tiempo real.
- Las actividades multisensoriales que contienen sonido y/o video son más irresistibles.

- Los videojuegos o juegos de rol multijugador masivo en línea (MMORPG, siglas en inglés) son particularmente adictivos. Además de los excelentes gráficos y la acción que aumenta la dopamina, estos juegos en línea pueden involucrar a miles de personas que juegan simultáneamente. En tiempo real, los jugadores hacen alianzas y compromisos sociales y se unen a las competiciones. Si dejas de jugar para ir a cenar, te perderás estas cosas mientras que el resto de los jugadores continúan socializando o avanzando. (Esto contrasta con las consolas de videojuegos, que se pueden detener). Dado que los jugadores proceden de todas partes del mundo, no hay hora del día ni de la noche en la que no se puedan encontrar jugadores activos. En resumen, no hay fin para el juego, no se acaban los jugadores, y no hay una hora del día para terminar de jugar. *¡Mantente alejado de los MMORPG!* Es mucho menos probable que los juegos interactivos que se juegan con algunos amigos de la vida real lleven a la adicción.

7. ¿Qué rasgos de personalidad están asociados con la adicción a internet?

La adicción a internet está asociada con muchos trastornos psicológicos. Aunque no podemos demostrar la relación causa/ efecto (o incluso un círculo vicioso de causa que conduzca a un efecto que, a su vez, conduce a más causas, etc.), es esencial que estos trastornos asociados sean detectados y tratados como parte de cualquier evaluación y plan de tratamiento. La resolución del problema no es tan fácil como decir «He dejado de usar internet en exceso. Estoy curado». La recaída es probable a menos que se resuelvan los trastornos de fondo. Por ejemplo:

- TADH.
- Una característica del TEA y de la ansiedad social es que la personas se sienten incómodas con la comunicación cara a cara, y esto les sitúa en una posición de alto riesgo de caer presas del uso excesivo de internet. El mundo electrónico da a los usuarios el tiempo y la invisibilidad para construir la personalidad que quieran tener.
- La preferencia por la socialización en línea, en oposición a la interacción directa, es un fuerte factor predictivo de la adicción a internet.
- La soledad.
- La depresión.
- La baja autoestima.
- Otras adicciones como las drogas.
- La disfunción familiar.
- Dedicar más 20 horas a la semana a las actividades en línea.
- Fuertes reacciones a los intentos parentales por limitar el acceso.

8. ¿Cómo se trata la adicción a internet?

Aspectos básicos

- *La prevención es el mejor remedio.*
  - ○ Aborda los factores anteriores asociados con la adicción a internet antes de que generen problemas con la tecnología. Esto puede implicar trabajar con

un terapeuta y/o usar medicamentos. Continúa abordando estos problemas si no se resuelven.

○ Las reglas y los acuerdos y estrategias de fijación de límites descritos en los capítulos 4 y 5 forman la base para prevenir una adicción a internet. Estas estrategias incluyen software y hardware de filtrado y control del tiempo, y el fomento de alternativas, de actividades no tecnológicas, como el deporte. Si aún no se han llevado a cabo, deberían implementarse ahora.

- *Reconocer que la abstinencia tecnológica total no es posible ni deseable.*

  ○ *El uso del ordenador es una necesidad virtual para la vida moderna*, ya sea en la escuela, el trabajo o en situaciones sociales. A diferencia del abuso de sustancias con respecto al que la abstinencia total es posible y esencial, la abstinencia total de la tecnología no es un objetivo viable.

  ○ *Por lo tanto, el objetivo es el uso moderado de internet.* Por ejemplo, «Usaré el ordenador solo para el trabajo, el correo electrónico y la banca en línea».

  ○ *Establecer comportamientos que claramente están «fuera de los límites».* Por ejemplo, «NUNCA visitaré sitios de juegos de apuestas», o «Nunca me quedaré en línea pasada la medianoche». En otras palabras, el uso moderado seguirá teniendo áreas de completa abstinencia de actividades «desencadenantes».

- *Recordar que la adicción es una enfermedad.* La persona lucha por controlar influencias psicológicas, neuronales, bioquímicas y quizá genéticas. Una verdadera adicción requiere probablemente ayuda profesional.

Intervenciones de un terapeuta

Entre las terapias comúnmente sugeridas –dirigidas por un *terapeuta profesional especializado en adicción*–, se encuentran la entrevista motivacional, la terapia cognitiva conductual (TCC), la terapia dialéctica conductual (TDC) y la terapia familiar.

Entrevista motivacional

Muchos adictos son ambivalentes a la hora de dejar su actividad adictiva. Pueden temer la pérdida de un área de socialización, de diversión o de escape de los problemas de la vida real. De hecho, puede que no estén ni siquiera convencidos de tener realmente un problema. El objetivo de la entrevista motivacional es conseguir que reconozcan y superen esta ambivalencia, y poder así cambiar su conducta.

El proceso implica hacer preguntas destinadas a recabar detalles sobre su uso de internet (horas pasadas y sitios visitados en orden de importancia para ellos, etc.), sobre cómo les hace sentirse internet y cómo les ha afectado a su vida. De particular importancia es que la persona preste atención a cómo se siente antes de comenzar la actividad en la pantalla (por ejemplo, deprimida por temas académicos, o porque no le va bien el trabajo o porque está enfadada por una disputa con la familia o los amigos, etc.). Se le orienta al paciente a reconocer el origen y las consecuencias de sus actividades, a asumir su responsabilidad, a superar su ambivalencia y a comprometerse en estrategias de ayuda (YOUNG 2015).

Terapia cognitiva conductual

La terapia cognitiva conductual (TCC) se usa ampliamente con personas adictas a las sustancias o con personas que sufren depresión, ansiedad, un trastorno obsesivo-compulsivo y otros trastornos del comportamiento. Es dirigida por un terapeuta, y puede iniciarse individualmente para seguirse con una terapia de grupo. Entre sus elementos más importantes destacan:

- El *análisis funcional*, que explora los desencadenadores fundamentales de la disfunción y cómo los comportamientos negativos proporcionan alivio/placer a corto plazo, reforzándolos así poderosamente. Los adictos a internet pueden pensar que la red los trata mejor que el mundo real. Los especialistas ayudan a los pacientes a darse cuenta de que la dependencia del mundo virtual refuerza el escape temporal, pero no resuelve los problemas del mundo real ni conduce a la verdadera autoestima. La vida real tiene oportunidades que pueden satisfacer las necesidades reales, con las estrategias y los esfuerzos correctos. Así, la TCC ayuda al paciente a reestructurar los pensamientos distorsionados. Este es el aspecto de la parte «cognitiva» de la TCC.

- *El entrenamiento de habilidades* ayuda a desarrollar útiles habilidades para afrontar los problemas y comportamientos flexibles que reemplazan a los disfuncionales. Se trata de adquirir las habilidades de organización, priorización, gestión del tiempo, desarrollo de actividades alternativas satisfactorias, vinculación con recursos de apoyo y técnicas específicas para hacer frentes a los factores de estrés. Son los aspectos de la parte «conductual» de la TCC.

Terapia dialéctica conductual (TDC)

La TDC es una forma de TCC, que enfatiza la validación, es decir, la aceptación de pensamientos, sentimientos y comportamientos molestos, en lugar de luchar contra ellos. La TDC busca establecer un equilibrio entre la aceptación y el cambio, ayudando así a la persona a lograr el objetivo de una transformación progresiva. La TDC también se centra en las habilidades para afrontar problemas, en las técnicas de relajación y en el mindfulness.

Terapia familiar

La familia puede haber *contribuido* a la adicción del adicto y/o puede haber sufrido por esta adicción. Probablemente, ambas situaciones son ciertas. Sin duda, hay espacio para las quejas legítimas de todos los involucrados. Cualquiera que sea el caso, la terapia tiene como objetivo promover la recuperación del individuo mediante la reparación de la relación dañada. Necesitamos ayudar a los miembros de la familia a verse a sí mismos como «terapeutas», en lugar de «víctimas». El objetivo de la terapia, entonces, es recuperar a la familia como un recurso de apoyo esencial.

Otras terapias

Entre otros enfoques de tratamiento que se han probado encontramos el programa de 12 pasos, basado en los principios de Alcohólicos Anónimos, la meditación basada en el mindfulness, la meditación trascendental y el yoga.

Desafortunadamente, son difíciles de conseguir estudios bien controlados, y se necesita seguir investigando para probar la efectividad de un tratamiento con respecto a otro (WEISS *et al.* 2011). Mientras tanto, parece razonable concluir que la adicción a internet puede ser tratable, en particular con la TCC (DAU, BANGER y BANGER 2015). Aún no se ha definido la función de la medicación (sin incluir a la utilizada para tratar los trastornos asociados) y el posible uso de múltiples terapias.

Capítulo 7

Sumario

Me preocupa el uso de la tecnología que hace mi hijo. ¿Por qué me grita mi hijo cuando intento que deje el ordenador? ¿Me dice mi hija la verdad sobre sus actividades en internet? ¿Cuánto tiempo ante la pantalla es excesivo? ¿Cómo fijo unos límites sin provocar la III Guerra Mundial? ¿Qué efecto tiene la tecnología en el aprendizaje y el comportamiento de mi hijo?

Resumo aquí lo que se sabe sobre el alcance de nuestro comportamiento de enamorados de nuestras pantallas, junto con sus efectos sobre nuestros cerebros y nuestras vidas. Analizo cómo coexistir con éxito con la plétora de beneficios y amenazas que nos llega gracias la tecnología digital. Se puede encontrar más información y referencias en el texto principal.

1. La reciente explosión de la tecnología digital y sus servicios

La rápida explosión de la tecnología digital en los últimos 15 años ha generado oportunidades y desafíos sin precedentes para todos nosotros. Pensemos tan solo en los nuevos *dispositivos* tecnológicos desde el año 2000: iPods, iPhones, iPads, Android, teléfonos con cámara, módems de banda ancha, Wi-Fi, televisores de alta definición y Roku. Los *servicios* de nueva tecnología desde el 2000 incluyen: Facebook, Twitter, Skype, Instagram, MySpace, LinkedIn, iTunes, Netflix, Hulu, YouTube, juegos en línea de alta tecnología, aplicaciones y Firefox (Rosen 2012). Todo lo cual se añade además a nuestra «antigua» tecnología, como los videojuegos, los mensajes de texto, los correos electrónicos y la televisión. Colectivamente denominadas «tiempo de pantalla», estas actividades han sido muy numerosas como para adaptarse a ellas en tan solo 15 años. Existen innumerables e increíbles beneficios que podemos obtener de la tecnología digital. Es divertida, proporciona noticias ilimitadas, pensamiento intelectual, arte, entretenimiento y comunicación instantánea que permite a las personas trabajar juntas en todo el mundo, etc.

2. La extensión del uso del tiempo de pantalla

Esta tecnología consume una gran cantidad de tiempo del día (y de la noche) de nuestros hijos. Según la declaración oficial realizada en 2013 por la Academia Americana de Pediatría:

- Los niños de 8-10 años pasan casi 8 horas al día en los medios.
- Los niños de más edad y los adolescentes dedican más de 11 horas al día.
- El 71% de los niños tienen un televisor o un dispositivo con internet en su habitación.
- 1 de cada 3 adolescentes envía más de 100 mensajes de texto al día (reemplazando en gran medida el uso del teléfono).

- Nuestros niños dedican más tiempo a los medios que a la escuela, y el uso de los medios es superado solo por el sueño como actividad principal.
- Sin embargo, 2 de cada 3 niños y adolescentes dicen que sus padres no tienen reglas sobre el uso de los medios.

(AAP 2013)

La fascinación con la tecnología se propaga a las aulas, donde el 62% de los estudiantes de la generación i (adolescentes) afirma que comprueba sus dispositivos digitales con una frecuencia inferior a los 15 minutos (ROSEN 2012). No son solo los niños los que están tan colgados de sus pantallas: 1 de cada 3 adultos dice que comprueba su móvil antes de levantarse por la mañana (ROSEN 2012).

3. El dilema de los padres y su función de imponer límites

Los padres ven a su hijo pasar horas en dispositivos digitales y se debaten entre las emociones de *orgullo* por la destreza técnica de su hijo prodigio, la *felicidad* de que lo están preparando para el futuro y el *temor* por los posibles efectos, que aún no se conocen del todo, del uso de toda esta tecnología en su cerebro y su futuro.

La tecnología en sí misma no es ni buena ni mala. Más bien, como veremos, es su uso y los límites que les enseñamos a nuestros hijos al respecto los que determinan si la tecnología tiene un efecto bueno o malo en la sociedad.

4. Problemas con el *uso* de la tecnología digital

Según una encuesta realizada entre profesores (Porter 2013):

- Casi el 90% opinaba que la tecnología había creado una generación distraída con poca capacidad de atención.
- Casi el 50% opinaba que había perjudicado al pensamiento crítico y a la capacidad de trabajar en casa.
- El 76% consideraba que los alumnos estaban condicionados para encontrar respuestas rápidas.
- El 60% percibía que dificultaba la escritura y la comunicación cara a cara. La comunicación con oraciones completas y más largas ha perdido terreno frente a los fragmentos cortos en la escritura o los medios.

En suma, la tecnología está cambiando el modo en el que nuestros alumnos aprenden, y no siempre para mejor.

¿Interfiere la tecnología en el trabajo del aula?

Según una encuesta entre estudiantes (ROSEN 2012), el 62% comprueba sus mensajes de texto y el 32% su Facebook cada 15 minutos o menos. Toda esta actividad tiene un coste en el aprendizaje. En un estudio, los estudiantes que enviaron mensajes de texto mientras asistían a una clase obtuvieron en el examen unas notas un 19% por debajo de los que no lo hicieron (THOMPSON 2014). Los estudiantes reconocen que enviar mensajes de texto en la escuela no solo interfiere en su propio aprendizaje, sino que también interfiere en la atención de otros estudiantes; sin embargo, el 49% de ellos todavía consideraba que estaba bien enviar mensajes de texto durante la clase (ROSEN 2012).

No es de extrañar que tampoco resulte positivo permitir el acceso a la red a los estudiantes durante una clase. A un grupo de estudiantes se le permitió navegar durante la clase y el otro grupo mantuvo sus portátiles cerrados. De hecho, los estudiantes miraron sitios relacionados con el tema, pero también fueron de compras, vieron videos y se pusieron al día con el correo electrónico. Incluso aquellos estudiantes que navegaron solo por temas relacionados con la clase demostraron un recuerdo significativamente peor del contenido de la clase que aquellos que mantuvieron sus portátiles cerrados (CARR 2011).

¿Qué es mejor? ¿Tomar notas con un bolígrafo y un papel o con un portátil?

Bolígrafo y papel. Probablemente. Existen numerosas razones evidentes a favor de la superioridad del bolígrafo y el papel. En primer lugar, los beneficios que proceden de la formación real de las letras con las manos de los estudiantes. En segundo lugar, con un portátil es posible seguir el ritmo del profesor y regresar, por tanto, a un «modo de transcripción» pasivo y literal, relegando todo aprendizaje real a un período posterior. Con las notas manuscritas, más lentas, el estudiante solo puede seguir el ritmo del profesor anotando lo esencial de cuanto dice, lo que conlleva a una implicación activa durante la clase. En tercer lugar, los teclados tienen tecnología asociada que distrae; y, en cuarto lugar, es más difícil moverse por la página usando portátiles. Aunque hay alguna variación en los estudios, las investigaciones actuales sugieren precaución a la hora de cambiar a los teclados para tomar notas. Las tecnologías y estrategias futuras de futuros estudiantes pueden cambiar las recomendaciones.

¿Interfiere la lectura en una pantalla con un aprendizaje en profundidad?

Sí. De varios modos:

- La pantalla no facilita la experiencia táctil de la página impresa.
- El hipertexto distrae y hace difícil saber en qué lugar de la red te encuentras.
- La lectura superficial se convierte en la norma. Atrás quedaron los días de seguir los pensamientos largos y lógicamente presentados de un autor.
- Las distracciones digitales se encuentran justo ahí, en el dispositivo.

Probablemente, la lectura en pantalla es adecuada para textos breves, como las noticias. (La página web mantiene la atención del lector durante un promedio de 18 segundos). Sin embargo, se ha comprobado que la mayoría de las personas prefiere una página impresa para una lectura más seria, una lectura que requerirá volver a leer ciertas partes del texto, como cuando se estudia algo. Así lo ha revelado un estudio sobre el 92% de los estudiantes estadounidenses, que prefieren textos impresos para leer textos largos tanto para trabajos de clase como para leer por placer.

Existe la preocupación de que la dependencia de la lectura superficial pueda interferir en el desarrollo de las habilidades para la lectura profunda, como el pensamiento reflexivo, el análisis crítico y el pensamiento inferencial. Se teme que quienes aprenden principalmente mediante la lectura superficial no lleguen a realizar a las conexiones neurológicas requeridas para una lectura profunda –por ejemplo, las áreas del cerebro implicadas en los procesamientos visual y fonológico– (LOHN 2015).

¿Cómo funciona nuestro sistema de atención?

En primer lugar, necesitamos explicar brevemente los diferentes tipos de atención. Básicamente, existen tres tipos de redes atencionales que compiten entre sí para expresarse:

- *Red de concentración en la tarea.* Esta requiere la atención voluntaria para un determinado trabajo. Es la función que nos permite ejecutar realmente un plan de forma lineal. A esta red se le llama también «atención voluntaria», y se necesita para tareas como los deberes.

- *Red sensorial/de alerta.* No importa que otra cosa estemos haciendo, nuestra red sensorial está explorando constantemente nuestro entorno para detectar problemas de seguridad urgentes o bien oportunidades. Esta red de búsqueda sensorial no requiere una energía voluntaria, y también se llama «atención involuntaria». Como los boletines informativos, se abren paso a través de todo estado mental. Así, los videojuegos que presentan movimiento sin esfuerzo demandan nuestra atención a través de la red sensorial/de alerta, lo que nos aleja fácilmente de la red de concentración en la tarea que intenta forzar deliberadamente nuestra atención en una tarea aburrida, como escribir un trabajo.

- *Red de ensoñación.* Esta interviene cuando las otras dos redes no abordan activamente otra situación. Es el tiempo en el que el cerebro reflexiona, piensa de forma creativa no lineal, consolida el aprendizaje y se recupera. Se ejecuta durante el tiempo de inactividad, durante el sueño e incluso durante la lectura, cuando hacemos una pausa para pensar en el significado de lo que acabamos de leer.

El paso de una de estas redes a otra requiere un gasto de energía realizado por una parte del cerebro llamada ínsula.

El mito de la «multitarea»

¿Cómo afronta nuestro sistema de atención el «hacer varias cosas a la vez»? La respuesta: no lo afronta.

No existe tal cosa como «hacer varias cosas a la vez». Más bien, según el pensamiento actual, las personas «pasan tantas veces» y con tanta frecuencia de una actividad a otra que tienen la sensación de estar haciendo dos cosas al mismo tiempo, pero en realidad están solo prestando atención a una cosa en un momento dado. ¡No se puede escribir un mensaje de texto y leer el libro de texto al mismo tiempo!

Así pues, reformulemos la pregunta: ¿Cómo afronta nuestro sistema de atención el «hacer varias cosas a la vez»? La respuesta: no demasiado bien.

Los intentos por pasar de una cosa a otra durante el trabajo escolar presentan un triple contratiempo. Primero, está el tiempo dedicado a responder/afrontar realmente la interrupción. Segundo, se produce un enorme gasto de tiempo para que el niño regrese al punto donde se encontraba antes de la interrupción. Tercero, su cerebro se ralentiza además por la energía y el estrés consumidos al esforzarse violentamente la ínsula para pasar de una actividad a otras. Recuerda esto para llegar a un acuerdo con tu hijo y retirar los dispositivos que distraen (con su invitación a hacer varias cosas al mismo tiempo) de su habitación durante la tarea.

El paso múltiple de una tarea a otra es ineficaz, y, por tanto, disminuye el tiempo libre. Tu hijo tendrá más tiempo libre y menos estrés si aleja su tecnología digital mientras estudia.

El uso constante de las pantallas disminuye los beneficios del receso

Las actividades en pantalla han reemplazado la posibilidad de que nuestro cerebro deambule mientras se desplaza al trabajo, camina entre aulas o espera para una cita. Los beneficios de la red de ensoñación disminuyen.

Las pantallas reducen el tiempo para jugar de forma no estructurada y estructurada y para realizar otras actividades

Las actividades en pantallas interfieren también en el juego no estructurado. Después de revisar décadas de investigación, la Academia Americana de Pediatría llegó a la conclusión de que jugar sin utilizar pantallas y de forma no estructurada es el mejor medio para que los niños pequeños aprendan capacidades para resolver problemas, para razonar, comunicarse y ser creativos, y también para aprender habilidades motoras. El uso excesivo de los medios reduce también el tiempo libre que podría haberse utilizado para otras actividades productivas, como aprender a llevarse bien con personas de la vida real, a realizar juegos estructurados con otros miembros de la familia, a hacer deporte, música, teatro, etc.

Los niños con TDAH, en particular, pierden oportunidades para practicar el control de la impulsividad, la atención, la socialización y el autocontrol. De hecho, los videojuegos, por su propia naturaleza, pueden reforzar realmente esos rasgos negativos. (Por otro lado, sin embargo, la tecnología digital es la moneda corriente con la que muchos niños socializan con los de su edad, y puede tener así un efecto social beneficioso como también enseñar, posiblemente, ciertas habilidades, como, por ejemplo, la lectura).

Las pantallas interfieren en el desarrollo de la atención voluntaria

La atención voluntaria –la facultad para controlar deliberadamente dónde centrar la atención y controlar así las acciones– es una habilidad esencial que debe dominarse. Es, quizá, el predictor más importante del éxito futuro. Por consiguiente, cuando enseñamos a nuestros hijos a ejercer el autocontrol (atención volitiva) necesario para que dejen sus pantallas, están desarrollando una de las habilidades más importantes de la vida.

Áreas en las que el aprendizaje digital sí resulta ventajoso

Por supuesto, hay áreas en las que es ventajoso el aprendizaje digital:

- La lectura en dispositivos digitales reduce el consumo de papel.
- La lectura en dispositivos digitales puede mejorar el acceso a libros y a otra información en zonas con recursos limitados.
- Las tecnologías reforzadas por ordenadores resultan atractivas a los estudiantes y parecen mantenerlos involucrados en el aprendizaje que requiere ensayo y repetición. Es importante tener en cuenta que todas estas tecnologías son más efectivas con el apoyo de un profesor (GREENFIELD 2015).
- Los estudiantes con necesidades especiales muestran en gran medida beneficios positivos de las tecnologías digitales. Es el caso de los niños con dislexia, con deficiencia visual, con trastornos del espectro autista y con discapacidad intelectual. Las tecnologías digitales mejoran tanto sus habilidades

para aprender como para comunicarse (Greenfield 2015).

Otros efectos psicológicos de internet

Gardner y Davis (2014) identifican problemas relacionados con la formación de la identidad, la intimidad y la imaginación. En internet puedes crearte la identidad que quieras. Tu vida puede ser perfecta en línea. O puede ser un infierno, especialmente porque tu sentido de identidad puede depender de la rapidez con la que consigas muchos «me gusta». La intimidad puede mejorar por una comunicación más fácil, o verse perjudicada por intercambios superficiales. La imaginación puede potenciarse al abrir las puertas a la colaboración, o verse sofocada por el mimetismo.

Asociación con otros trastornos psicológicos

Numerosos estudios muestran que el uso excesivo de tecnología digital está asociado con una amplia variedad de trastornos psicológicos. Es importante decir que para la mayor parte de estas condiciones no se ha determinado cuál es la causa y cuál es el efecto. Entre ellos se encuentran el TDAH, el TEA, la ansiedad, el TOC, la depresión, los problemas escolares, los problemas en las relaciones y las adicciones a las sustancias, a la comida, al sexo y al juego.

Efectos neurológicos del abuso de internet

En suma, los estudios de imágenes cerebrales muestran que, comparadas con la población general, las personas con adicción a internet tienen una reducción de materia gris en las áreas del cerebro que son responsables del control cognitivo, de la inhibición de las respuestas incorrectas, de la ejecución del comportamiento orientado hacia un objetivo y del procesamiento de la recompensa. Los estudios de imágenes revelan también diferencias de materia blanca (las vías conectoras entre las áreas cerebrales) en las áreas que controlan la memoria y la información multisensorial. No está claro si estos cambios son la causa o el resultado de la adicción a internet.

Efectos físicos del uso de los medios digitales

Entre los efectos físicos cabe mencionar los siguientes: problemas de sueño, somnolencia diurna, dolor de espalda, dolor musculoesquelético, dolor de cabeza, exceso o falta de comida, abuso de sustancias, tabaquismo, exposición a la pornografía que no muestra sexo seguro, traumatismos por conducir o caminar de forma distraída, lesiones del pulgar por movimiento repetitivo, pérdida de audición por el uso de auriculares, hipercolesterolemia, hipertensión y asma; y, desgraciadamente, incluso numerosas muertes por la caída de televisores y mesas sin sujetar, y la «muerte por selfis» al colocarse las personas en situaciones peligrosas para hacerse fotos.

5. Problemas con el *contenido* de la tecnología digital

Problemas de las redes sociales

Las redes sociales son muy atractivas, porque puedes reinventar (es decir, «retocar») tu vida, y son también muy difíciles, por el tiempo que te lleva mantener esa imagen. Además, la vida de cualquier otro (retocada en secreto) parece mucho mejor que la tuya. Los otros parecen tener más «amigos» o más «me gusta». Además, se produce el ciberacoso, el *sexting* desenfrenado y la transmisión de excesiva información a no se sabe quién. Los estudios muestran que casi el 50% de los adolescentes han revelado a extraños información, describiendo su aspecto físico o enseñando fotografías. Aunque se dedica una gran cantidad de tiempo a los medios digitales, 2 de cada 3 niños y adolescentes afirman que sus padres no les imponen reglas al respecto.

¿Afecta a la sexualidad la exposición a la pornografía y a otros medios?

Sí. A menos que los adultos se impliquen, la juventud no sabe que la pornografía es solo fantasía –fantasía degradante que, típicamente, no muestra respeto, ni afecto ni prácticas sexuales seguras–. Una abundante investigación demuestra claramente que existe una relación entre la exposición mediática al sexo (incluidas la televisión, la letra de las canciones, las películas e internet) y la actividad sexual precoz. Una encuesta realizada entre muchachas de 12 a 17 años reveló que se sienten presionadas por los medios para comenzar a tener relaciones sexuales. La exposición a contenidos sexuales duplica el riesgo de relaciones sexuales precoces, y la presencia de un televisor en el dormitorio del niño o del joven se asocia con una mayor actividad sexual y el uso de drogas entre los adolescentes.

¿Aumenta la exposición a los medios el riesgo de un comportamiento violento?

Sí. La respuesta, basada en una abrumadora investigación, muestra una clara asociación entre la violencia presentada digitalmente y el comportamiento agresivo y violento. La prueba es casi concluyente, a saber, que la exposición a los medios es causativa, no una mera cuestión estadística.

A estas conclusiones llegó la Academia Americana de Pediatría (AAP 2009a) en su declaración oficial sobre la violencia en los medios, que remitía a unas conclusiones similares del Instituto Nacional de Salud Metal (NIMH, siglas en inglés) y de la Comisión Federal de Comunicaciones (FCC, siglas en inglés). Se ha calculado que cuando nuestros hijos llegan a tener 18 años han visto 200.000 veces escenas de violencia en la televisión. En ellas aparece el uso de la violencia y de las armas como un medio para resolver los conflictos. La violencia en el cine tampoco ayuda. El *rap*, el *heavy metal* y el rock tienden a girar en torno a la muerte, el homicidio, el suicido, el abuso de drogas y el sexo. Las letras de estos géneros musicales son a menudo racistas, homófobas, sexualmente denigratorias para las mujeres, y frecuentemente exaltan el tabaco, el alcohol y las drogas. La música *rap* y *heavy metal* y los videos musicales se asocian (pero aún no se ha demostrado que sea causal) con comportamientos temerarios, incluidos el abuso de sustancias y la promiscuidad sexual. Los medios consumen tanta vida de nuestros hijos que están reemplazando a los padres y los profesores como modelos a seguir (AAP 2009a).

¿Conducen los videojuegos violentos a un comportamiento violento?

Sí. Las pruebas son contundentes: jugar con videojuegos violentos (que representan el 60% de las ventas) conduce a comportamientos agresivos. Un metaanálisis exhaustivo de 381 test realizados a más de 130.000 participantes reveló que los videojuegos violentos aumentaron significativamente la cognición agresiva, el comportamiento agresivo y la agitación física; al mismo tiempo, disminuyó la sensibilidad a la violencia y a la interacción social positiva. Sin embargo, no está claro cuánto duran estos efectos y si se traducen invariablemente en situaciones de la vida real. Hasta ahora, ningún estudio ha demostrado un vínculo directo con la violencia criminal.

¿Afectan los medios al uso de sustancias?

Sí. El 70% de las películas estrenadas hasta 2010 aún mostraba el hábito de fumar sin hacer ninguna mención a sus efectos negativos. Los estudios muestran que la exposición de quienes estudian secundaria a películas en las que se fuma, predice que comiencen a fumar entre 1 y 8 años después. Lo mismo cabe decir sobre el uso de alcohol (STRASBURGER *et al.* 2010).

Recomendaciones de la Academia Americana de Pediatría sobre los medios digitales

- Los medios, incluidos la televisión, los teléfonos inteligentes, las letras de la música y los videos musicales, tienen efectos sobre la sexualidad y la violencia. Son asuntos de que deberían comentarse con el médico.
- Limita el tiempo total del uso de la pantalla para entretenimiento a menos de 1 o 2 horas al día.
- No permitas que haya en el dormitorio de los hijos un televisor o un dispositivo con conexión a internet. La presencia de un televisor en el dormitorio hace difícil controlar lo que ven, se ha comprobado que aumenta su exposición a la televisión 1 hora al día, se asocia a un peor rendimiento escolar, suscita el riesgo de fumar por dos, y el riesgo de obesidad se dispara a un 31%. Probablemente, esta última cifra

está relacionada con los anuncios de comida basura como también con la disminución del ejercicio físico.

- Controla los medios de los niños/adolescentes y los sitios web que visitan.
- Mira los medios junto con tus pequeños y adolescentes. Hazlo por seguridad y también para suscitar coloquios.
- Sé un ejemplo de un buen comportamiento con los medios. Los estudios demuestran que un uso excesivo de los medios por los padres es el mayor predictor del uso excesivo de los medios por los hijos. Se ha comprobado que los comentarios realizados por los padres sobre los problemas presentados por los medios tienen éxito para contrarrestar el contenido perjudicial, incluida la probabilidad de que sus hijos no caigan en comportamientos sexuales arriesgados (STRASBURGER *et al.* 2010).
- Establece un plan familiar (AAP 2013).

La Academia Americana de Pediatría está actualizando sus recomendaciones, y, en esta perspectiva, da más relevancia al contenido y a la colaboración padres/hijos que a las limitaciones de un tiempo determinado.

6. Problemas relacionados con grupos específicos de población

Niños muy pequeños y tiempo de pantalla

Estadísticas sobre el uso

Pese al desaliento de la Academia Americana de Pediatría, el 90% de los niños menores de 2 años pasan tiempo frente a la pantalla (AAP 2011a). Los niños menores de 2 años ven la televisión 1-2 horas al día. Una cantidad que no incluye la exposición a 4 horas o más de televisión «de fondo», que los adultos tienen encendida, prestándole o no atención.

¿Obtienen los menores de dos años algún beneficio del tiempo de pantalla?

Ninguna, que sepamos. Las afirmaciones que desde la perspectiva educativa se hacen a favor de que los niños menores de dos años tengan su tiempo de pantalla no están demostradas. Incluso los estudios sobre los niños de 2 años que ven programas de alta calidad educativa, como *Barrio Sésamo*, han encontrado que o no tienen ningún efecto o incluso tienen efecto negativo. Parece que las personas reales, que están físicamente presentes y prestan atención, son más efectivas para activar los centros de aprendizaje de un pequeño, especialmente si este ha forjado un vínculo con ellas (STEINER-ADAIR y BARKER 2013).

¿Qué podemos decir sobre los niños que tienen entre 3 y 5 años?

Las capacidades cognitivas de los más pequeños contrastan fuertemente con los que tienen una edad ligeramente superior, entre 3 y 5 años. Con respecto a este grupo de edad, la investigación ha mostrado que los programas educativos de alta calidad, como *Barrio Sésamo*, etc., les ayudan a mejorar las habilidades lingüísticas, sociales y de preparación para la escuela, que pueden perdurar hasta la adolescencia (GUERNSEY 2012).

¿Interfiere una televisión «de fondo» en el desarrollo del niño?

El uso excesivo de los medios por la familia puede interferir en el desarrollo del niño, porque reduce la cantidad de tiempo que los padres dedican a hablar con él, a leerle y a jugar con él. Además, también acorta el propio tiempo de juego y de lectura no estructurado del niño. Varios estudios han asociado el uso excesivo de la televisión con el retraso del lenguaje, especialmente si el niño la ve solo. De nuevo, estos estudios no pueden separar la causa y el efecto.

Niños con TDAH y tiempo de pantalla

Rasgos del TDAH que hacen tan atrayente la pantalla

Los niños con TDAH no pueden inhibir (bloquear) los estímulos entrantes, lo que les lleva a tener dificultades para mantener la atención voluntaria en actividades que no son atrayentes de por sí. Su sistema de atención sensorial/de alerta los mantiene pegados al movimiento, los sonidos y los estímulos de los medios digitales. Además, los videojuegos cambian constantemente, ofrecen y exigen una respuesta/reacción inmediata y proporcionan frecuentes, aunque no totalmente satisfactorias, dosis de dopamina a los centros de recompensa del cerebro (con la promesa de recompensas mayores si la persona sube al nivel siguiente). Otros problemas provocados por los medios digitales son la deficiente previsión y la impulsividad cuando se navega por los campos minados de la red. Todo esto hace que las personas con TDAH sean un grupo de riesgo respecto a los problemas de internet. Las estimaciones de la adicción a internet entre las personas con TDAH alcanzan el 25%, una cifra mucho más alta que en la población de control.

Desafortunadamente, los juegos digitales parecen perjudicar el doble a las personas con TDAH: refuerzan los rasgos negativos (como la falta de paciencia y la necesidad de recompensas inmediatas) y disminuyen las oportunidades para desarrollar los positivos (como los deportes o a la pertenencia a un club). Tengamos en cuenta que los juegos tienen cierto entrenamiento neurológico positivo, como la mejora de las habilidades visuales y espaciales, y algunos juegos refuerzan la capacidad de inhibición.

Niños con TEA y tiempo de pantalla

Rasgos del TEA que hacen tan atrayente el tiempo de pantalla

En internet no encontramos expresiones faciales o lenguaje corporal que tengamos que interpretar, tenemos tiempo para formular nuestra respuesta, podemos reinventarnos como deseemos y podemos encontrar personas semejantes. La comunicación a través de los medios digitales puede ser, por tanto, un modo más fácil y atractivo de «tantear el terreno» de la comunicación social. Otra característica de internet que atrae a personas del espectro autistas es la habilidad para seguir buscando cada vez más profundamente en las áreas de interés (y reproducirlas una y otra vez), lo que permite al mismo tiempo a la persona escapar de las presiones confusas del mundo real. Además, la mayoría de las personas con TEA sufre también TDAH, provocando los mismos problemas que acabamos de comentar.

¿Cuál es el resultado? La investigación ha constatado que la visión de la televisión y el uso del ordenador tenían un porcentaje más alto en adolescentes con TEA, incluso comparados con otros adolescentes que tienen dificultades de habla/lenguaje o de aprendizaje. Los dibujos animados constituyen un área de interés particular, junto con los sitios de información sobre los juegos y el anime. Las redes sociales fueron usadas menos que lo que hacen los neurotípicos, aunque las personas del espectro autista preferían comunicarse mediante el ordenador en lugar de interactuar cara a cara.

7. La función de los padres

¿Qué tipo de modelo soy para mi hijo?

¡Ellos nos observan! ¿Llevamos los móviles a las comidas en familia? ¿Interrumpimos el tiempo que dedicamos a nuestros hijos para atender una llamada de cualquier otra persona? ¿Mostramos interés por sus actividades en línea, tanto por seguridad como para demostrar que nos importan sus intereses? ¿Mantenemos la televisión encendida aun cuando no la estamos viendo?

¿Hemos estado manifestando apertura y tranquilidad con nuestros hijos? ¿Saben que podemos expresarles nuestra decepción por algunos de sus comportamientos en internet o en otro contexto, pero que siempre es seguro que confíen en nosotros?

¿Cómo establezco unos límites a mi hijo (hasta que sea lo suficientemente maduro como para limitarse a sí mismo)?

Usa la tecnología para ayudar a poner límites a la tecnología. Presta atención a las clasificaciones sobre el contenido y la edad. Usa el control parental de los dispositivos y de los programas para limitar el contenido y el tiempo. Véase la sección de recursos en este libro.

Ayuda a que tu hijo desarrolle su propio control de la atención voluntaria:

- Responde positivamente cuando te pida comenzar a usar los medios: «Sí, pero después de_____», en lugar de decirle: «No».
- Enséñale que refugiarse en el mundo mediático no resuelve los problemas de la vida real.
- Mantén la calma y orienta a tu hijo a buscar soluciones satisfactorias para todos.

- Establece reglas explícitas sobre el tiempo, el contenido y el lugar donde se usarán los dispositivos.
- Evita que se pase de una cosa a otra estableciendo momentos determinados y pausas para el tiempo de pantalla.

8. Establecimiento de las reglas: la reunión familiar y el acuerdo

La reunión familiar

Es el momento de que os reunáis todos y habléis con tranquilidad de las reglas. Antes de la reunión, los padres deberían determinar qué les preocupa y evaluar la fuerza y la debilidad de cada hijo. Los padres tienen que llegar a un consenso entre ellos antes de proceder a comentar el tema con sus hijos. La reunión debe presentarse como un tiempo invertido para llegar a un acuerdo, no como una sesión de carácter disciplinario.

El objetivo del encuentro es determinar el tiempo, el lugar y el contenido del uso de la tecnología digital de un modo que sea equitativo y beneficioso para todos, y también las justas consecuencias que se seguirán del incumplimiento de las reglas. Refuerza la discusión con datos reales y con recomendaciones sacadas de fuentes independientes, como las que proporcionamos en este libro.

La reunión puede seguir el orden que expusimos más detalladamente en el capítulo 5. Es posible que se requiera un acuerdo diferente con cada hijo.

9. Adicción a internet: el extremo más grave de los problemas de internet

¿Qué es una adicción?

Esencialmente, una adicción se define como (1) una incapacidad para controlar el propio comportamiento, a pesar de (2) los graves problemas resultantes. Otros criterios habituales para definirla son el síndrome de abstinencia cuando se prueba a parar, la tolerancia (es decir, la necesidad de consumir cada vez más para obtener los mismos resultados), su uso como escape y la obsesión por volver a la actividad adictiva. La adicción a internet espera aún las pruebas científicas suficientes para que sea reconocida «oficialmente» como un trastorno por la Asociación Americana de Psiquiatría. Según unas estimaciones razonables, la adicción a internet en los Estados Unidos oscila entre el 6% y el 15% en la población general y entre 13% y el 18,4% en los universitarios.

La base psicológica de la adicción

¿Cómo comienza la espiral de la adicción? Puede comenzar con la búsqueda del disfrute («¡Este juego es divertido!») o buscando un escape («Este juego aparta la mente de mis notas»). En cualquier caso, el tiempo de pantalla conduce a una experiencia placentera mediada por el neurotransmisor dopamina. La búsqueda del uso repetido se ve impulsada por los procesos fisiológicos de tolerancia (la necesidad de estímulos cada vez más fuertes para producir el mismo efecto) y del síndrome de abstinencia (la incomodidad derivada del intento de abstinencia). Esta búsqueda constante de estímulos conduce a más problemas en la vida. El círculo se repite una y otra vez en una espiral de caída en picado en la adicción.

¿Qué actividades son particularmente adictivas en internet?

No todas las actividades en internet son igual de adictivas. Por ejemplo:

- Comunicarse con familiares y amigos reales (en oposición a los virtuales) no conduce por lo general a la adicción.
- Navegar por la red para buscar información tiende a ser menos adictivo que otras actividades en línea.
- Las actividades interactivas que se hacen en tiempo real (salas de chat y juegos interactivos) pueden ser más problemáticas que las actividades que no requieren una interacción inmediata en tiempo real, como el correo electrónico.
- Los videojuegos o juegos de rol multijugador masivo en línea (MMORPG, siglas en inglés) son particularmente adictivos.

¿Cómo se trata la adicción a internet?

Aspectos básicos

- *La prevención es el mejor remedio.*
  - Aborda los factores que predisponen a la adicción antes de que conduzcan a problemas con la tecnología.
  - Las reglas y los acuerdos y estrategias de fijación de límites descritos en el capítulo 5 constituyen la base para prevenir una adicción a internet.

- *Reconocer que la abstinencia tecnológica total no es posible ni deseable.*

○ *El uso del ordenador es una necesidad virtual para la vida moderna*, ya sea en la escuela, el trabajo o en situaciones sociales. A diferencia del abuso de sustancias con respecto al que la abstinencia total es posible y esencial, la abstinencia total de la tecnología no es un objetivo viable.

○ *Por lo tanto, el objetivo es el uso moderado de internet.* Por ejemplo, «Usaré el ordenador solo para el trabajo, el correo electrónico y la banca en línea».

○ *Establecer comportamientos que claramente están «fuera de los límites».* Por ejemplo, «NUNCA visitaré sitios de juegos de apuestas», o «Nunca me quedaré en línea pasada la medianoche».

Intervenciones de un terapeuta

Entre las terapias comúnmente sugeridas –dirigidas por un terapeuta profesional especializado en adicción– se encuentran la entrevista motivacional, la terapia cognitiva conductual (TCC), la terapia dialéctica conductual (TDC) y la terapia familiar.

Bibliografía citada

AAP (AMERICAN ACADEMY OF PEDIATRICS) (2009a), «Policy Statement—Media violence»: *Pediatrics* 124 (2009), 1495-1503.

AAP (2009b), «Policy Statement—Impact of music, music lyrics, and music videos on children and youth»: *Pediatrics* 124 (2009), 1488-1494.

AAP (2010), «Policy Statement—Sexuality, contraception, and the media»: *Pediatrics* 126 (2010), 576-582.

AAP (2011a), «Council on Communications and Media: Media use by children younger than 2 years»: *Pediatrics* 128 (2011), 1040-1045.

AAP (2011b), «Babies and toddlers should learn from play, not screens». Disponible en https://bit.ly/2IMQEpS (visitado 5/11/ 2015).

AAP (2013), «Children, adolescents and the media: Council on communications and media»: *Pediatrics* 132 (2013), 58-61.

APA (AMERICAN PSYCHIATRIC ASSOCIATION) (2013), *Diagnostic and Statistical Manual of Mental Disorders, 5th edition (DSM-5)*, American Psychiatric Publishing, Arlington 2013.

BARON, N., *Words Onscreen: The Fate of Reading in a Digital World*, Oxford University Press, New York 2015.

BROWN, A., SHIFRIN, D. y HILL, D. (2015), «Beyond "turn it off": How to advise families on media use»: *AAP News* (28 de septiembre de 2015).

BURLEY HOFMANN, J., *iRules: What Every Tech-Healthy Family Needs to Know About Selfies, Sexting, Gaming, and Growing Up*, Rodale, New York 2014.

CARR, N., What *the Internet Is Doing to Our Brains: The Shallows*, W. W. Norton and Company, New York 2011 (trad. esp.: *¿Qué está haciendo internet con nuestras mentes? Superficiales*, Taurus, Madrid 2011).

CHRISTAKIS, D., «The effects of infant media usage: What do we know and what should we learn»: *Acta Paediatrica* 1 (2009), 8-16.

DAU, W., BANGER, H y BANGER, M., «Therapeutic Interventions in the Treatment of Problematic Internet Use—Experiences from Germany», en C. MONTAG y M. REUTER (eds.), *Internet Addiction: Neuroscientific Approaches and Therapeutical Interventions*, Springer International Publishing, Basel 2015.

DURAN, L. y FREDERICK, C., «Information comprehension: Handwritten vs. typed notes»: *Undergraduate Research Journal for the Human Sciences* 12 (2016). Disponible en www.kon.org/urc/v12/duran.html (visitado 2/05/ 2016).

EAPEN, C., KUMAR, B., BHAT, A. K. y VENUGOPAL, A., «Extensor pollicis longus injury in addition to de Quervain's with text messaging on mobile phones»: *Journal of Clinical and Diagnostic Research* 8 (2014), LC01-4.

GARDNER, H. y DAVIS, K., *The App Generation: How Today's Youth Navigate Identity, Intimacy, and Imagination in a Digital World*, Yale University Press, New Haven 2014 (trad. esp.: *La generación APP: Cómo los jóvenes gestionan su identidad, su privacidad y su imaginación en el mundo digital*, Paidós, Barcelona 2014).

GILLESPIE-LYNCH, K., KAPP, S., SHANE-SIMPSON, C., SHANE SMITH, D. *et al.*, «Intersections between the autism spectrum and the internet: Perceived benefits and preferred functions of computer-mediated communication»: *American Association of Intellectual and Developmental Disabilities* 52 (2014), 456-469.

GLATTER, R., *Texting while walking? –Think twice*, 2012. Disponible en http://bit.ly/2FVXN5X (visitado 7/05/2016).

GREENFIELD, S., *Mind Change: How Digital Technologies Are Leaving Their Mark on Our Brains*, Random House, New York 2015.

GRIFFITHS, M., KUSS, D. y DEMETROVICS, Z., «Social Networking Addiction», en K. ROSENBERG y L. FEDER (eds.), *Behavioural Addictions: Criteria, Evidence, and Treatment*, Elsevier, London 2014.

GUERNSEY, L., *Screen Time: How Electronic Media—From Baby Videos to Educational Software—Affects Your Young Child*, Basic Books, Philadelphia 2012.

HUANG, A., «Autonomic Nervous System and Brain Circuitry for Internet Addiction», en C. MONTAG y M. REUTER (eds.), *Internet Addiction: Neuroscientific Approaches and Therapeutical Interventions*, Springer, Basel 2015.

KENNEDY KRIEGER INSTITUTE, «Adolescents need audiological screenings too»: *Clinical Connection* (2015). Disponible en http://bit.ly/2GpGl7r (visitado 14/05/2016).

Kuo, M., Orsmond, G., Coster, W. y Cohn, E., «Media use among adolescents with autism spectrum disorder»: *Autism* 18 (2014), 914-923.

Kutscher, M., *Kids in the Syndrome Mix of ADHD, LD, Autism Spectrum, Tourette's, Anxiety and More!: The One-Stop Guide for Parents, Teachers, and Other Professionals*, Jessica Kingsley Publishers, London 2014[2].

Kutscher, M. y Moran, M., *Organizing the Disorganized Child: Simple Strategies to Succeed in School*, Harper-Collins Publishers, New York 2009 (trad. esp.: *Cómo organizar al niño desorganizado: estrategias sencillas para triunfar en la escuela*, Oniro, Barcelona 2011).

Levitin, D., *The Organized Mind: Thinking Straight in the Age of Information Overload*, Plume/Penguin, New York 2014.

Lin, F. y Lei, H., «Structural Brain Imaging and Internet Addiction», en C. Montag y M. Reuter (eds.), *Internet Addiction*, Springer International, Basel 2015.

Lin, X., Dong, G., Wang, Q., y Du, X., «Abnormal gray matter and white matter volume in Internet gaming addicts»: *Addictive Behaviors* 40 (2014), 137-143.

Loh, K., «How has the Internet reshaped human cognition?»: *The Neuroscientist* (2015), DOI: 10.1177/1073858415595005.

Macmullin, J., Lunsky, Y. y Weiss, J., «Plugged in: Electronics use in youth and young adults with autism spectrum disorder»: *Autism* (2015), DOI: 10.1177/1362361314566047.

Mazurek, M. y Weinstrup, C., «Television, video game and social media use among children with ASD and typically developing siblings»: *Journal of Autism and Developmental Disorder* 43 (2013), 1258-1271.

MUELLER, P. y OPPENHEIMER, D., «The pen is mightier than the keyboard: The advantages of longhand over laptop note taking»: *Psychological Science* 25 (2014), 1159-1168.

PALLADINO, L. (2015), *Parenting in the Age of Attention Snatchers: A Step-by-Step Guide to Balancing Your Child's Use of Technology*, Shambhala, Boston (trad. esp.: *Educar en la era de la dispersión digital*, ALBA, Barcelona 2015).

PORTER, A., «The problem with technology in schools», *The Washington Post* (28 de enero de 2013).

PRODUCTS SAFETY PROJECT (2015). Disponible en http://bit.ly/2IpqWol (visitado 2/05/2016).

RIDEOUT, V., *Generation M2: Media in the Lives of 8- to18-year-olds*, Kaiser Family Foundation, Menlo Park 2010.

ROSEN, L., *iDisorder: Understanding Our Obsession with Technology and Overcoming Its Hold on Us*, Palgrave Macmillan, New York 2012.

ROSENBERG, K. y FEDER, L., «An Introduction to Behavioral Addictions», en K. ROSENBERG y L. FEDER (eds.), *Behavioral Addictions: Criteria, Evidence, and Treatment*, Elsevier, London 2014.

SALIE, F. (2016), «Death by selfie», *CBS News* (6 de marzo de 2016). Disponible en www.cbsnews.com/news/death-by-selfie (visitado 2/05/ 2016).

Science Daily (2014), «Think it's safe to type a quick text while walking? Think Again», University of Buffalo, 3 de marzo de 2014. Disponible en https://bit.ly/1kTiefK (visitado 2/05/ 2016).

Smahel, D., Wright, M. y Cernikova, M., «The impact of digital media on health: Children's perspectives»: *International Journal of Public Health* 60 (2015), 131-137.

Steiner-Adair, C. y Barker, T., *The Big Disconnect: Protecting Childhood and Family Relationships in the Digital Age*, HarperCollins Publishers, New York 2013.

Strasburger, V., Jordan, A. y Donnerstein, E., «Health effects of media on children and adolescents»: *Pediatrics* 125 (2010), 756.

Suris, J. C., Akre, C., Piguet, C., Ambresin, A.-E. *et al.*, «Is Internet use unhealthy? A cross-sectional study of adolescent Internet overuse»: *Swiss Medical Weekly* 144 (2014), w14061.

Thompson, C., *Smarter than You Think: How Technology is Changing Our Minds for the Better*, Penguin Books, New York 2014.

University of Illinois Library, *Evaluating internet sources*, 2016. Disponible en https://bit.ly/1SBSu81 (visitado 2/05/2016).

Weiss, M., Baer, S., Blake, A., Saran, K. *et al.*, «The screens culture: Impact on ADHD»: *ADHD Attention Deficit Hyperactivity Disorder* 3 (2011), 327-334.

White, T., «Subclinical psychiatric symptoms and the brain»: *Journal of the American Academy of Child and Adolescent Psychiatry* 54 (2015), 797.

Young, K., «Clinical Assessment of Internet-Addicted Clients», en K. Young y C. Nabuco de Abreu (eds.), *Internet Addiction: A Handbook and Guide to Evaluation and Treatment*, John Wiley and Sons, Hoboken 2011.

YOUNG, K., «The Evolution of Internet Addiction Disorder», en C. MONTAG y M. REUTER (eds.), *Internet Addiction: Neuroscientific Approaches and Therapeutical Interventions*, Springer,Basel 2015.

YOUNG, K., *The Internet Addiction Test*, 2016. Disponible en http://netaddiction.com/internet-addiction-test (visitado 2/05/2016).

YUAN, K., QIN, W., WANG, G., ZENG, F. *et al.*, «Microstructure abnormalities in adolescents with internet addiction disorder»: *PLoS ONE* 6 (2011), 6, e20708.

RECURSOS

Obras impresas

AAP (American Academy of Pediatrics) (2013) «Children, adolescents and the media: Council on communications and media»: Pediatrics 132, (2013), 58–61.

BARON, N., *Words Onscreen: The Fate of Reading in a Digital World*, Oxford University Press, New York 2015.

BAUERLEIN, M., *The Digital Divide: Arguments for and Against Facebook, Google Texting and the Age of Social Networking*, Penguin, New York 2011.
Interesante colección de ensayos que presentan perspectivas contrapuestas de los problemas, algunos ya un poco obsoletos.

BLUE, V., *The Smart Girl's Guide to Privacy: Practical Tips for Staying Safe Online*, No Starch Press, San Francisco 2015.
Sugerencias realmente prácticas para la seguridad en la red, no limitadas a las chicas, resultan útiles igualmente para los chicos y para los adultos.

BURLEY HOFMANN, J., *iRules: What Every Tech-Healthy Family Needs to Know About Selfies, Sexting, Gaming, and Growing Up*, Rodale, New York 2014.

Un libro muy bien escrito ampliando el contenido de «The Contract» [El contrato] de uso adecuado de la tecnología, originalmente publicado en el *Huffington Post*. El uso adecuado de la tecnología se plantea como parte de un estilo de vida responsable más amplio.

CÁNOVAS, G., *Cariño he conectado a los niños. Guía sobre salud digital para familias y educadores*, Mensajero, Bilbao 2015².

Escrito por el director del Centro de Seguridad en Internet para los menores de España (NdE).

CARR, N., *¿Qué está haciendo internet con nuestras mentes? Superficiales*, Taurus, Madrid 2011.

Argumenta la tesis de que la lectura electrónica lleva a un pensamiento superficial.

GARDNER, H. y DAVIS, K., *La generación APP: Cómo los jóvenes gestionan su identidad, su privacidad y su imaginación en el mundo digital*, Paidós, Barcelona 2014.

GREENE, R., *The Explosive Child: A New Approach to Understanding and Parenting Easily Frustrated, Chronically Inflexible Children*, HarperCollins Publishers, New York 2014.

GREENE, R., *Educar para ser personas. Una tarea compartida entre padres e hijos*, Mensajero, Bilbao 2018.

Presenta un enfoque colaborativo para la resolución de conflictos entre padres e hijos (NdE).

GREENFIELD, S., *Mind Change: How Digital Technologies Are Leaving Their Mark on Our Brains,* Random House, New York 2015.

GRIFFITHS, M., KUSS, D. y DEMETROVICS, Z., «Social Networking Addiction», en K. YOUNG y C. NABUCO DE ABREU (eds.), *Internet Addiction: A Handbook and Guide to*

Evaluation and Treatment, John Wiley and Sons, Hoboken, NJ 2014.

Un libro sólido, de nivel profesional, dedicado a la adicción a Internet.

GUERNSEY, L., *Screen Time: How Electronic Media—From Baby Videos to Educational Software—Affects Your Young Child*, Basic Books, Philadelphia 2012.

KUTSCHER, M., *Kids in the Syndrome Mix of ADHD, LD, Autism Spectrum, Tourette's, Anxiety and More!: The One-Stop Guide for Parents, Teachers, and Other Professionals*, Jessica Kingsley Publishers, London 2014[2].

Incluye un capítulo sobre cada una de los muchos trastornos asociados con problemas de internet, así como opciones de tratamiento.

KUTSCHER, M. y MORAN, M., *Cómo organizar al niño desorganizado: estrategias sencillas para triunfar en la escuela*, Oniro, Barcelona 2011.

Trata de cómo poner en marcha un sistema de organización, así como de las habilidades de lectura, escritura y de estudio.

C. MONTAG y M. REUTER (eds.), *Internet Addiction: Neuroscientific Approaches and Therapeutical Interventions*, Springer International Publishing, Basel 2015.

Este libro, de nivel profesional, presenta un resumen conciso elaborado por varios autores del «estado de la cuestión» en lo referente al conocimiento científico de la adicción a internet.

PALLADINO, L., *Educar en la era de la dispersión digital*, ALBA, Barcelona 2015).

Guía personalizada para el uso del ordenador, vista como un aspecto de una filosofía de la vida más amplia en relación con los hijos.

Rosen, L., *iDisorder: Understanding Our Obsession with Technology and Overcoming Its Hold on Us*, Palgrave Macmillan, New York 2012.

Un texto muy asequible que explica cómo la tecnología digital puede hacer que nuestra conducta reproduzca muchas patologías psiquiátricas y, a la vez, proporciona sugerencias sencillas para contrarrestar esas conductas.

Rosenberg, K. y Feder, L., «An Introduction to Behavioral Addictions», en K. Rosenberg y L. Feder (eds.), *Behavioural Addictions: Criteria, Evidence, and Treatment*, Elsevier, London 2014.

Texto de nivel profesional que trata toda una panoplia de adicciones, incluyendo a internet, a las redes sociales, a los videojuegos, a las apuestas, al sexo y otras.

Steiner-Adair, C. y Barker, T., *The Big Disconnect: Protecting Childhood and Family Relationships in the Digital Age*, HarperCollins Publishers, New York 2013.

Un llamamiento empático y muy sensato a los padres para que sean conscientes de los problemas del tiempo de uso de pantallas e intervengan para atajarlos.

Thompson, C., *Smarter than You Think: How Technology is Changing Our Minds for the Better*, Penguin Books, New York 2014.

Este texto se centra en los aspectos positivos de la tecnología, desde puntos de vista que tal vez no hayamos considerado.

Turkle, S., *Alone Together: Why We Expect More from Technology and Less from Each Other*, Basic Books, New York 2011.

Un libro bien escrito sobre los aspectos psicológicos de la tecnología. El autor es un líder en su campo.

En internet

Sitios para ayudar a controlar el acceso al contenido y el tiempo de uso

https://www.commonsensemedia.org/
https://www.commonsensemedia.org/latino (en español)

Ofrece clasificaciones objetivas y sugerencias para todo tipo de medios y para todas las edades. Las clasificaciones siguen criterios de valor educativo y edad apropiada. Se trata de un sitio extraordinariamente útil de una organización sin ánimo de lucro. ¡Entra en esta página!

www.familysafemedia.com

Ofrece *hardware* para poner límites al acceso, tanto temporales como de contenido.

www.getScreen.com

Su objetivo es permitir a los padres controlar y personalizar todos los dispositivos digitales de la familia, incluyendo el establecimiento de límites temporales al uso de la televisión y de los videojuegos.

www.TimeTimer.com

Vende temporizadores, fáciles de configurar, muy visuales.

https://www.livescribe.com/es/ (en español)

Vende el *livescribe* pen. Este aparato graba al profesor y reproduce lo que ha dicho en ese momento cuando el lápiz toca un papel especialmente codificado (pero aparentemente normal). Se utiliza para rellenar lo que falta en los apuntes.

www.KidsBehavioralNeurology.com

Se trata de la página web del autor. Contiene información acerca de los niños que están más expuestos al riesgo de un uso problemático de las pantallas, incluyendo los que tienen TDHA y TEA. Iré incluyendo resúmenes actualizados de las recomendaciones de la Academia Americana de Pediatría en relación con los medios cuando sean sometidas a revisión y se publiquen como «posición oficial» de la AAP.

Sitios relacionados con la seguridad

http://safetynet.aap.org

Patrocinada por la Academia Americana de Pediatría, contiene estupendos artículos y enlaces relacionados con el uso apropiado de medios digitales. ¡Entra en esta página! (está en inglés).

www.TeenSafe.com

Ofrece a los padres la oportunidad de controlar la mayor parte de lo que hace su hijo en Internet.

www.google.com

En google se puede buscar la letra de cualquier canción que esté escuchando tu hijo o hija. Escribe "lyrics" en la barra de búsqueda y a continuación el título de la canción o el nombre del artista.

Sitios relacionados con la adicción a internet

http://netaddiction.com

Es la página web de la Dra. Kimberly Young, una líder es este campo. Se dirige fundamentalmente a edades a partir de la adolescencia. Incluye el *Internet Addiction Test* (http://netaddiction.com/internet-addiction-test), un test validado de 20 preguntas que mide donde se sitúa una persona adulta en una escala de adicción a Internet, desde la ausencia de adicción, a la adicción ligera, moderada o severa.

http://proyectohombre.es/

En España hay diversas organizaciones y gabinetes psicológicos que tratan la adicción a Internet. La Asociación Proyecto Hombre trata todo tipo de adicciones y tiene un programa especial para jóvenes que aborda también los problemas de adicción a Internet (NdE).

«Internet Addiction: A brief summary of research and practice» es un artículo de nivel profesional y está disponible en: https://bit.ly/2xB3zmE.

Aviso: el hecho de aparecer en esta lista no significa que los materiales y las páginas web mencionados necesariamente representen el punto de vista de los autores (o editores) ni que estos los recomienden o promocionen.

AUTORES

Martin L. Kutscher es médico titulado en Neurología Pediátrica y especializado en problemas neuroconductuales, como el TDAH, los trastornos del aprendizaje, el espectro autista, la ansiedad y los tics. Ha dictado conferencias a padres y grupos profesionales en los Estados Unidos y en otras partes del mundo. Ha escrito cuatro libros sobre la temática: *Kids in the Syndrome Mix of ADHD, LD, Autism Spectrum, Anxiety, Tourette's, and More: The One Stop Guide for Parents, Teachers, and Other Professionals; Organizing the Disorganized Child* (con Marcella Moran); *ADHD: Living without Brakes*; y *The ADHD BOOK: Living Right Now*. Ha sido miembro del Departamento de Pediatría y de Neurología en el New York Medical College durante más de dos décadas. Web: www.KidsBehavioralNeurology.com.

Natalie Rosin es terapeuta acreditada de abusos de sustancias y especialista en salud mental. Orientadora de la vida individual y familiar, trabaja en los campos de la adicción, de los trastornos de salud mental, del TDAH y de las dificultades relacionadas con la función ejecutiva. Web: natalierosin.com.